KURT SIMON

Erdstrahlen und Wasseradern

Wie sie auf Menschen, Tiere
und Pflanzen wirken, wie man sie erkennt,
welche Schutzmaßnahmen es gibt

MOSAIK VERLAG

Inhalt

Vorwort

Wasseradern sind eine Art der Erdstrahlen. Da die Wasserader in Mitteleuropa am häufigsten vorkommt, wird sie in der Öffentlichkeit meist gesondert genannt.

Nistende Störche auf einem Hausdach waren schon immer ein Symbol für Gesundheit und Wohlstand. »Wo Störche nisten, ist das Glück zu Hause« – und eine erdstrahlenfreie Zone. Seien Sie nicht zu sehr besorgt, wenn Sie von leichten Beschwerden und schwerwiegenden Krankheiten hören, die durch Erdstrahlen ausgelöst werden können. Erdstrahlen haben auch gute Seiten. Nutzen Sie die Erkenntnisse dieses Buches, um Ihr Wohlbefinden und Ihre Gesundheit zu erhalten oder wiederherzustellen.

Seriöse Rutengänger untersuchen Ihr Zuhause nicht nur auf Erdstrahlen, sondern auch auf Elektrosmog, denn er belastet Ihre Gesundheit nach den Erdstrahlen am häufigsten. Ein eigenes Kapitel zeigt Ihnen die Auswirkungen und nennt Möglichkeiten, wie Sie sich vor dieser Gefahr schützen können.

Ich wünsche Ihnen viel Freude mit diesem Buch – Ihrer Gesundheit zuliebe!

Hemsbach, Februar 1997   Kurt Simon

Was Sie über Erdstrahlen und Wasseradern wissen müssen

Haben Sie jemals bei Kopfschmerzen an Erdstrahlen
gedacht? Gewiß nicht. Ist Ihnen jemals
in den Sinn gekommen, daß Ihre nächtlichen
Schlafstörungen von Erdstrahlen
herrühren könnten? Leiden Sie schon längere Zeit
unter starker Migräne und haben
bisher keine zufriedenstellende Hilfe erhalten?
Warum leiden Sie zu Hause unter
Rückenschmerzen und im Urlaub nicht,
obwohl Sie dort auf für Sie völlig falschen Matratzen
schlafen? Oftmals werden alle diese
Beschwerden durch Erdstrahlen ausgelöst.

Abbildung linke Seite:
Querschnitt durch eine Wasserader.
Die hellen Punkte sind Wassertropfen.

Eine Frau litt seit Jahren unter starken Schlafstörungen. Bisher konnte ihr kein Arzt richtig helfen. Sie nahm jeden Abend Schlaftabletten, doch ohne den erhofften Erfolg. Eine Bekannte berichtete ihr von den gefährlichen Erdstrahlen und empfahl ihr, das Schlafzimmer zu verändern. Daraufhin stellte sie das Bett um. Seit diesem Zeitpunkt wirkten ihre Schlaftabletten hervorragend. Nach drei Wochen konnte sie völlig auf die Tabletten verzichten.

Dies ist kein Einzelfall. Erdstrahlen können die verschiedensten Krankheiten auslösen und deren Verlauf beeinflussen, und sie wirken sich nicht nur auf den Menschen aus.

Selbst viele Tiere und Pflanzen haben unter den Erdstrahlen zu leiden. Der Storch als sogenannter Strahlenflüchter sucht nur Stellen zum Nestbau auf, die frei von Erdstrahlen sind. Sollte also ein Storchenpaar in Ihrer Nähe oder sogar auf Ihrem Kamin nisten, können Sie sicher und beruhigt sein, daß Sie in einer erdstrahlenfreien Zone leben. Das alte Sprichwort »Fichten sollst du flichten« sagt allerdings aus, daß es Pflanzen (und natürlich auch Tiere) gibt, die sich genau dort wohl fühlen, wo wir Menschen, oftmals ohne es zu wissen, starke Belastungen ertragen müssen.

Erdstrahlung gibt es aber nicht nur in Siedlungen oder Ballungsräumen. Sie haben sicherlich schon während einer wunderschönen Wanderung auf einem Feld oder einer Wiese Apfel- oder Birnbäume gesehen, die schräg wachsen. Dabei haben Sie sich vielleicht gewundert, warum in einer Gruppe von Bäumen nur einzelne schief stehen, die anderen aber nicht.

Die Antwort ist sehr einfach: Auch hier ist Erdstrahlung im Spiel. Strahlenflüchter wie Apfel- oder Birnbäume reagieren mit Schiefwuchs, wenn sie einer Erdstrahlenbelastung ausgesetzt sind.

Was sind nun eigentlich diese Erdstrahlen, die unser ganzes Leben auf verschiedenste Weise so stark beeinflussen? Wie können wir sie erkennen?

Was sind Erdstrahlen?

Grundsätzlich sind Erdstrahlen Belastungen, die auf Dauer unseren Körper krank machen. Für verschiedene Tiere und Pflanzen sind sie dagegen äußerst wohltuend. Ob Ihr Haus oder Ihre Wohnung in einer Erdstrahlenzone liegt, können Sie weder fühlen noch sehen. Sie können Erdstrahlung genauso-

10

wenig bewußt wahrnehmen wie Radioaktivität.

Sie können nur die Auswirkungen erkennen: schräg wachsende Bäume in Ihrem Garten, eine dürre Grasstelle auf Ihrem sonst saftig grünen Rasen oder Ihre gesundheitlichen Beschwerden und Krankheiten und die Ihrer Familie und Freunde.

Sollten Sie den Kauf eines Eigenheimes planen und entdecken bei der Besichtigung direkt am Haus einen Ameisenhaufen, sollten Sie ihre Absicht noch einmal überdenken. Das Haus ist mit Sicherheit stark belastet, denn Ameisen sind Strahlensucher und fühlen sich in belasteten Zonen ausgesprochen wohl. Ziehen Sie einen Rutengänger zu Rate, wird dieser direkt unter dieser Stelle eine Strahlung ausfindig machen, die gebündelt wie ein Laser senkrecht nach oben geht.

Erdstrahlung steigt wie ein Laser senkrecht nach oben.

Das Entstehen von Wasseradern: Regenwasser und absickerndes Flußwasser sammeln sich in der Erde, um dann durch Lehm- und Sandschichten tieferen Regionen zuzufließen.

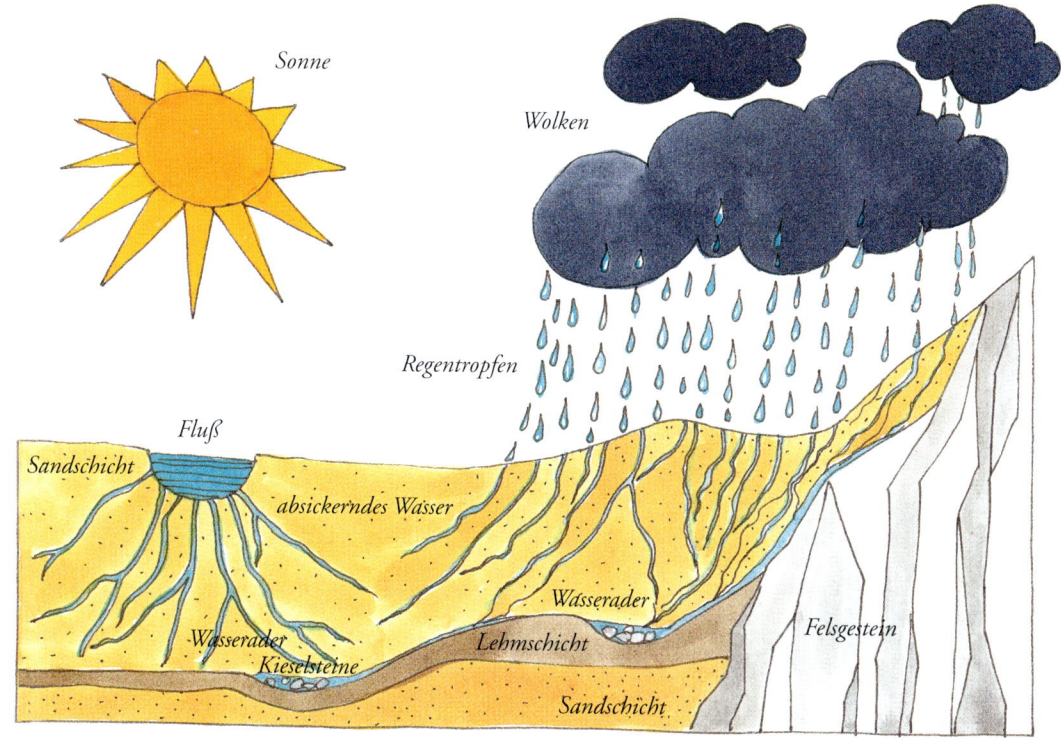

Sonne

Wolken

Regentropfen

Fluß

Sandschicht

absickerndes Wasser

Wasserader

Wasserader
Kieselsteine

Lehmschicht

Felsgestein

Sandschicht

11

Es ist völlig egal, ob Sie sich in einem Keller oder im 50. Stockwerk eines Hochhauses befinden: Die Erdstrahlenbelastung ist überall gleich stark.

Die Wasserader ist die häufigste Art von Erdstrahlung.

Ob die Strahlung von einer Wasserader oder einer anderen Art von Erdstrahlung kommt, spielt ebenfalls keine Rolle. Wichtig ist, daß Sie Ihren Lieblingssessel, Ihren Gartenstuhl und Ihr Bett an einen erdstrahlenfreien Platz stellen. Erdstrahlen sind eine Gefahr für Ihre

Gesundheit, die noch allzuoft verkannt wird.

Wir kennen fünf Arten von Erdstrahlung

Vielen Menschen ist der Begriff »Erdstrahlen« unter dem Namen »Wasseradern« besser bekannt. Die Wasserader ist eine von fünf verschiedenen Arten, die zusammen Erdstrahlung ausmachen.

Da sie in unseren Breitengraden die am häufigsten auftretende Belastung ist, wird der Begriff oftmals gleichbedeutend für Erdstrahlung benutzt. Die belastende Wirkung der Wasserader wurde im Verlauf der letzten 200 Jahre wiederentdeckt. (Bereits vor 4000 Jahren hatten die Chinesen erkannt, daß die Wasseradern die Gesundheit beeinträchtigen.)

Erst in diesem Jahrhundert wurde festgestellt, daß Gesteinsbrüche und Gesteinsverwerfungen (siehe Seite 16ff.) dieselbe Wirkung haben. Die weiteren Arten von Erdstrahlung, Globalgitternetz und Currygitternetz, wurden Mitte unseres Jahrhunderts wiederentdeckt. (Diese Gefahr für die Gesundheit der Menschen war bereits im 2. Jahrtausend v. Chr. den Etruskern bekannt.)

Fachwissen

Erdstrahlen (allgemein)

Das Vorhandensein von Erdstrahlen läßt sich naturwissenschaftlich beweisen. Stellen Sie sich einen Blitzschlag vor. Die dabei auftretenden physikalischen Gesetze sind uns weitgehend unbekannt. Man weiß jedoch, daß die Einschlagstelle des Blitzes immer über einer Kreuzung von zwei verschieden stark belastenden Wasseradern liegt und deshalb eine Störzone ist. Mit physikalisch-technischen Geräten kann man diese Störzone messen. Es ist bekannt, daß über Wasseradern und Gesteinsbrüchen eine erhöhte Ionisierung der Strahlung vorhanden ist.

Wenn ein Rutengänger mit der Wünschelrute die Uferzonen einer Wasserader mißt und markiert, kann er mit den Meßgeräten die Ionisierung direkt über der Uferzone nachweisen. Genauso lassen sich Belastungen in Gesteinsbrüchen, bei Gesteinsverwerfungen und an Gitternetzpunkten feststellen. Die Stärke der Erdstrahlung wird in Reizeinheiten (RE) gemessen. RE ist der unter Rutengängern übliche Parameter, um Meßergebnisse auszuwerten. Der strahlungsfreie gesunde Platz hat eine Erdstrahlenstärke von 300–700 RE. Diese Stärke entspricht dem normalen Energiefeld der Erde. Über Gitternetzpunkten kann man 1400–1700 RE messen, während über Wasseradern, Gesteinsbrüchen und Gesteinsverwerfungen Werte von mehr als 10 000 RE nachgewiesen wurden.

Um diese einzelnen Belastungsarten zusammenzufassen, führte man den Oberbegriff Erdstrahlung ein.

Was sind Wasseradern?

Wasseradern sind in Mitteleuropa die am häufigsten vorkommende Art von Erdstrahlung.

Deutschland als wasserreiches Gebiet hat sehr viele Wasseradern. Sie entstehen durch fließendes Wasser im Boden. Wir unterscheiden drei Arten: Drainage-Wasseradern, Strömungen im Grundwasser und starke Untergrundströme.

Drainage-Wasseradern

Drainage-Wasseradern führen das Regenwasser in das Grundwasser ab. Wenn Sie bei Regen einen feuchten Keller haben, könnte der Lauf der Drainage-Wasserader durch die Kellerwand behindert werden. Das an der Wand gestaute Wasser sucht einen Ausweg und dringt dabei teilweise durch die Kellerwand.

Die Drainage-Wasseradern belasten Ihre Gesundheit am geringsten, weil sie nur an Regentagen in Erscheinung treten.

Fragen aus der Praxis

Welche Höhe erreichen Erdstrahlen?

Erdstrahlung durchdringt fast alle Materialien senkrecht von unten nach oben. Wir können sie im 20., 50. und 60. Stockwerk eines Hochhauses messen. Nach dem momentanen Wissensstand reichen sie weit höher als die Wolken. Wenn wir eine Ballonfahrt unternehmen, können wir sie in 500 Meter Höhe noch wahrnehmen.

Strömungen im Grundwasser

Diese Strömungen sind Grundwasseradern und kommen in wasserreichen Regionen vor. Die in diesen Gebieten größere Anzahl von Wasseradern führt zu einer größeren Ausdehnung von Erdstrahlung.

Solche Strömungen können Sie hauptsächlich in Flußlandschaften wie dem Donautal oder Rheintal oder in der Umgebung von Seen finden. Sie sind vergleichbar mit den Strömungen eines Binnensees zwischen seinem Zufluß und Abfluß.

Sollten Sie 20 Kilometer von einem Fluß oder See entfernt wohnen, können Sie die Auswirkungen der Belastung noch immer spüren. Es gibt Regionen wie das Einzugsgebiet des Starnberger Sees, in denen Sie die Erdstrahlung von Grundwasseradern in noch größerer Entfernung feststellen können.

Große Mengen von Wasseradern finden Sie in der Umgebung von Seen und Flußlandschaften.

13

Untergrundströme

Untergrundströme sind Wasseradern, die unterhalb des Grundwassers verlaufen. Sie führen Grundwasser in beliebiger Richtung zum Meer ab. Diese Art von Wasserader kann durchaus die Länge von Strömen wie der Elbe oder dem Rhein erreichen. Aufgrund ihrer Tiefe von mindestens 30 Metern bis über 1000 Metern erreichen die Untergrundströme oftmals hervorragende Trinkwasserqualität. Trotz dieser für den Menschen nützlichen Eigenschaft sind sie die am stärksten belastenden Wasseradern.

Fragen aus der Praxis

Können Wasseradern ihren Lauf ändern?

Sie haben sicherlich schon gehört, daß Brunnen versiegen können. Das kann zum einen daran liegen, daß die Wasserader ausgetrocknet ist.

Der wahrscheinlichere Fall ist aber, daß sich der Verlauf der Wasserader verändert hat. Das kommt durch Erdbeben zustande, die nicht unbedingt sehr stark sein müssen. Geringe Erderschütterungen genügen bereits völlig, daß sich Erdreich an bestimmten Stellen verfestigt und an anderen Stellen lockert. Da Wasser immer den Weg des geringsten Widerstandes geht, ändert es seinen Lauf.

So ist auch die Tatsache zu erklären, daß ein Bett, in dem eine Person an Krebs erkrankte und daran starb, nach Jahren plötzlich frei von Erdstrahlung ist. Dies bedeutet allerdings nicht, daß der Verstorbene in einer erdstrahlenfreien Zone an Krebs erkrankt war.

Vielmehr ist die Tatsache entscheidend, daß sich die Wasseradern ohne sichtbare Merkmale verändern können.

Das Wasser im Boden

Unsere Bäche und Flüsse leiten nur Oberflächenwasser weiter. Da weder Flüsse noch Bäche einen abgedichteten Boden haben, versickert sehr viel Wasser.

Wenn Sie in einen mit Wasser gefüllten Eimer Erdreich hineingeben, werden Sie beobachten, daß das Wasser mehr Platz benötigt und überläuft.

Auch im Erdreich benötigt das Wasser mehr Platz als in einem Flußbett. Deshalb sind die meisten Wasseradern mindestens einen Meter breit und können in Einzelfällen enorme Ausmaße erreichen. Im Darmstädter Ried gibt es Wasseradern, die 20 Meter breit sind. Die Höhe einer Ader kann durchaus bis zu 6 Meter betragen.

Sie sehen, daß aufgrund dieser Maße eine große Menge Wasser im Erdreich vorhanden sein muß.

Stellen Sie sich eine Kohlegrube vor. In diese Kohlegrube läuft ständig Wasser ein, weil sich das absickernde Wasser in den Stollengängen sammelt. Dieses Wasser wird ausgepumpt. Dabei fließen enorme Mengen in das Erdreich ab.

In der Kohlegrube in Forbach werden täglich 50 000 Kubikmeter Wasser ausgepumpt. 50 000 Kubikmeter in 24 Stunden! Um eine Vorstellung der bewegten Wassermenge zu geben, ziehen wir einen Vergleich. Nehmen wir an, Sie füllen Ihre Badewanne mit 100 Litern Wasser, um ein Bad zu nehmen. 50 000 Kubikmeter Wasser ergeben dann 500 000 volle Badewannen. Dieser enorme Vorrat befindet sich an dieser Stelle unter der Erde.

Wie entstehen Belastungen?

Stellen Sie sich ein großes Kanalrohr vor, das reichlich mit Sand gefüllt ist. Wenn Sie durch dieses Kanalrohr Wasser leiten, erzielen Sie die gleiche Wirkung wie bei einer Wasserader.

In der Wasserader wird das Wasser wie bei dem mit Sand gefüllten Kanalrohr durch das Erdreich hindurchgedrückt. Das Wasser fließt dabei sehr langsam, weil es vom Erdreich behindert wird.

Durch den das Wasser behindernden Sand und anderes Erdreich wie Kies oder Lehm entsteht eine starke Reibung des Wassers am Erdreich (siehe Grafik Seite 11). Diese Reibung erzeugt etwas Wärme, Elektrizität und die gefährliche Erdstrahlung.

Fachwissen

Wasseradern

Drainage-Wasseradern: Befördern Oberflächenwasser (Regenwasser) ins Grundwasser.
Strömungen im Grundwasser: Fließen wie Strömungen in einem See vom Zufluß zum Abfluß.
Untergrundströme: Befördern abfließendes Grundwasser weiter.

Eine Wasserader hat wie ein Fluß ein linkes und ein rechtes Ufer. Sie ist in der Höhe nach oben und nach unten begrenzt. Allerdings ist im Unterschied zu einem oberirdischen Wasserlauf der Wasserfluß einer Wasserader durch das Erdreich behindert. Ein elektromagnetisches Feld an der Wasserader bewirkt eine Bündelung der aus der Erde kommenden Neutronenstrahlung. Diese gebündelte Strahlung ist mit einem Laserstrahl vergleichbar. Sie steigt senkrecht nach oben und durchdringt die meisten Materialien geradlinig, so daß die Belastung im Verlauf konstant bleibt.
Die Naturwissenschaft konnte bis heute nicht eindeutig klären, inwiefern die gebündelte Neutronenstrahlung in Mikrowellen- und Infrarotstrahlung umgewandelt wird und unter welchen physikalischen Formeln das natürliche Magnetfeld der Erde beeinflußt wird.

Wasser, das fast keine Fließbewegung hat, ist belastungsfrei. Nur bei fließendem Wasser entsteht Reibung am Erdreich. Die dabei entstehende Erdstrahlung kann verschiedenste Formen von Belastungen und Beschwerden wie Erkrankungen des Gelenk- und Bewegungsapparates, Depressionen oder auch Epilepsie auslösen.

Machen Sie sich jedoch keine unnötigen Sorgen, denn wirksame Abhilfe ist jederzeit möglich. Mehr dazu erfahren Sie im Kapitel »Vorsorge und Hilfe«.

Die Belastung entsteht durch starke Reibung des Wassers am Erdreich.

Die verschiedenen Höhen der Maßerungen zeigen die Gesteinsverschiebung des Gesteinsbruchs.

Was sind Gesteinsbrüche?

Die stärkste Belastung geht von Gesteinsbrüchen in Hoch- und Mittelgebirgen aus.

Sicherlich werden Sie zunächst nicht glauben, daß sich ein Gesteinsbruch direkt unter Ihrer Wohnung befinden kann, unabhängig davon, ob Sie in einer Gebirgsregion oder in einer Großstadt leben. Ein Gesteinsbruch kann überall sein, er ist nichts anderes als die Stelle, an der Gestein auseinandergebrochen ist.

Gesteinsbrüche sind oftmals mehrere hunderttausend Jahre alt. Sie sind durch Vulkanausbrüche, Erderschütterungen, Hohlräume unter der Erde und Erdbeben entstanden.

Findet irgendwo auf der Welt ein Erdbeben statt, kann sich durch die Erschütterungen ein Gesteinsbruch bilden.

In unseren Breitengraden entstehen neue Gesteinsbrüche vorwiegend durch den Einbruch alter Stollen in Bergwerken. Aber auch in der Nähe ehemaliger Vulkanregionen wie der Eifel können Erschütterungen in der Erde neue Gesteinsbrüche erzeugen. Die stärkste Erdstrahlenbelastung geht von Brüchen in Mittel- und Hochgebirgen aus.

Sie können einen Gesteinsbruch niemals von oben, sondern nur von der Seite sehen, weil sich über der

16

Bruchstelle verschiedene Erdschichten angelagert haben.

Wenn Sie einen Gesteinsbruch aus nächster Nähe betrachten wollen, finden Sie ihn am besten in einem Steinbruch, an einer Steilküste oder an steil abfallenden Felsen im Hoch- und Mittelgebirge. Den auf Seite 16 abgebildeten Gesteinsbruch können Sie sich in einem Steinbruch bei Geislingen an der Steige ansehen. Er ist typisch für ein deutsches Mittelgebirge wie die Schwäbische Alb.

An der Beschaffenheit des Gesteins können Sie Form und Aussehen eines Gesteinsbruchs ganz deutlich erkennen. Die waagrecht von links nach rechts verlaufenden Maßerungen im Gestein sind in der Mitte des Bildes an der senkrechten Linie unterbrochen. Sie verlaufen in einer anderen Höhe auf der gegenüberliegenden Seite weiter.

Die Verschiebung der Maßerung zeigt Ihnen, daß sich ein Teil des Gesteins nach unten abgesenkt hat. Die senkrechte Linie ist die Kluft des Bruches. Diese Spalte ist durch das Auseinanderbrechen des Gesteins entstanden. In ihr entsteht die für den Menschen so schädliche Erdstrahlung.

Die Form und das Aussehen eines Gesteinsbruchs erkennen Sie an der Beschaffenheit des Gesteins.

Das Entstehen von Erdstrahlung im Gesteinsbruch: Die elektrisch geladenen Sand-, Kohle- und Zinkerzschichten sind auseinandergebrochen und haben sich verschoben. Durch das Berühren der Schichten entsteht Erdstrahlung.

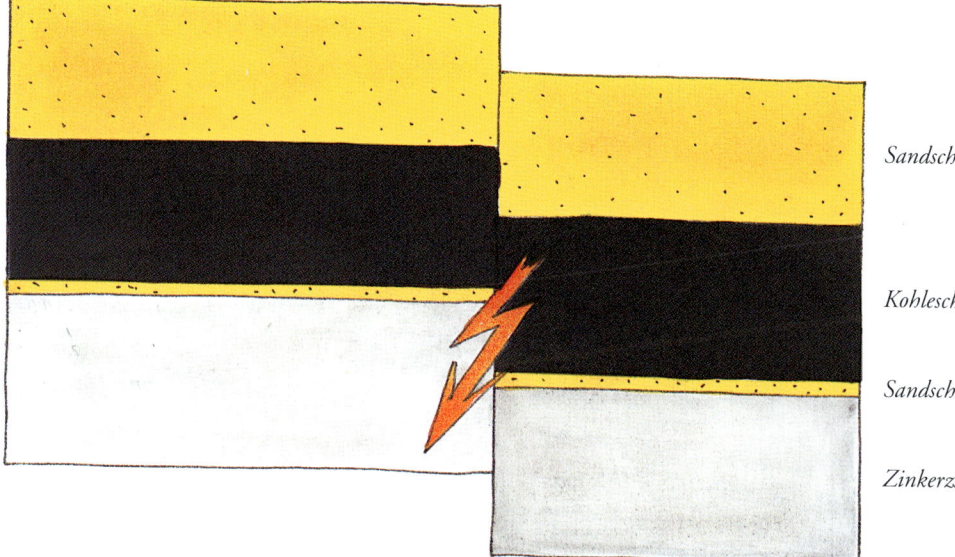

Sandschicht

Kohleschicht

Sandschicht

Zinkerzschicht

Wie entstehen Belastungen durch Gesteinsbrüche?

Von der Wasserader wissen Sie, daß die Erdstrahlenbelastung durch die Reibung des Wassers am Erdreich entsteht.

Im Gegensatz zu Wasseradern, Gesteinsverwerfungen (siehe Seite 19ff.) und Gitternetzpunkten (Seite 23ff.) sind bei Gesteinsbrüchen drei verschiedene Vorgänge für eine hohe Strahlenbelastung verantwortlich: elektrische Spannungsfelder, Magmastrahlung aus dem inneren, flüssigen Kern der Erde und auf dem Boden der Brüche fließendes Wasser.

Elektrische Spannungsfelder, Magmastrahlung und auf dem Boden der Brüche fließendes Wasser verursachen Erdstrahlung.

Von Gesteinsbrüchen kann deshalb die stärkste Belastung für unser Wohlbefinden ausgehen, wenn alle drei Strahlenherde an der gleichen Stelle aktiv sind.

Befindet sich in der Nähe Ihrer Wohnung ein Gesteinsbruch, sollten Sie in jedem Fall einen ausgebildeten Rutengänger beauftragen, die Höhe der vorhandenen Strahlenbelastung festzustellen.

Mit Hilfe eines Fachmanns können Sie gezielte Maßnahmen ergreifen, um Ihre Familie vor Krankheiten zu schützen oder bereits vorhandene Erkrankungen zu lindern und zu heilen.

Fallbeispiel

Ein Rutengänger wurde zu einer Familie gerufen, die in einer Kleinstadt in der Nähe eines Mittelgebirges lebt. Die Familie beklagte, daß ihre 15monatige Tochter keine Beinfunktion hatte. Das Mädchen konnte nur auf dem Po kriechen. Ihre Beine zog sie nach, als wären sie unbeweglich. Wähend der Untersuchung des Kinderzimmers stellte der Rutengänger fest, daß quer durch das Kinderbett die Belastung eines außerordentlich starken Gesteinsbruchs verlief. Das Bett wurde sofort in eine erdstrahlenfreie Zone gestellt. Nachdem das Kind etwa einen Monat an dem neuen Platz geschlafen hatte, konnte es mit Unterstützung der Eltern aufrecht stehen.

Belastung durch elektrische Felder

Die Grafik auf Seite 17 zeigt Ihnen eine Kohle- und Zinkerzschicht, die elektrisch geladen sind. Die Ladung jeder Gesteinsschicht ist verschie-

Fragen aus der Praxis

Können sich Gesteinsbrüche verändern?

Gesteinsbrüche können sich nur bedingt verändern. Die auseinandergebrochenen Gesteinsschichten bilden einen Riß oder eine Kluft. Dieser Riß hat einen festgelegten Verlauf, der sich von der Richtung her nicht verändern kann. Die Gesteinsschichten können sich dagegen verschieben. Durch Hohlräume können zusätzliche Gesteinsbrüche im Boden entstehen.

den. Die einzelnen Schichten sind durch eine Sandschicht voneinander getrennt. Sie sind auseinandergebrochen und haben sich an der Bruchstelle verschoben.

An dem Blitz können Sie erkennen, daß an der Berührungsstelle elektrische Spannung auftritt. Durch das Berühren der Gesteinsschichten entsteht die Erdstrahlung.

Je größer die Berührungsfläche ist, desto höher ist die Erdstrahlung.

Belastung durch Magmastrahlung

Die Magmastrahlung, die Strahlung des flüssigen Erdkerns, wird durch den Gesteinsmantel der Erde gebremst und gemildert. Dennoch dringt durch die oftmals sehr langen Risse im Gestein Magmastrahlung ungehindert an die Erdoberfläche. Der Grad der Belastung hängt von der Breite und Tiefe der Klüfte in den Gesteinsbrüchen ab. Je breiter und tiefer die Kluft ist, desto mehr Strahlung wird senkrecht nach oben freigesetzt.

Vergleichen Sie diesen Vorgang mit dem ständig wachsenden Ozonloch. Die Ozonschicht bremst und mildert die für uns schädliche UV-Strahlung. Das ständige Abnehmen der Ozonschicht bedeutet, daß immer mehr UV-Strahlen ungehindert die Erdatmosphäre durchdringen und die Gesundheit von uns allen beeinträchtigen.

Belastung durch wasserführende Gesteinsbrüche

Vermutlich denken Sie zunächst nicht daran, daß in einem Gesteinsbruch Wasser vorhanden sein kann. Vorwiegend in Gebirgsgegenden gibt es Gesteinsbrüche, auf deren Boden Wasser fließt. Sie sind allerdings recht selten.

Wasserführende Gesteinsbrüche sind recht selten.

Das Erdreich dieser Brüche schränkt den freien Lauf des Wassers ein, das sich seinen Weg entlang des Risses bahnt. Dadurch entsteht Reibung und als Folge daraus Erdstrahlung, die wiederum senkrecht nach oben dringt.

Magmastrahlung wird durch den Gesteinsmantel der Erde gemildert.

Was ist eine Gesteinsverwerfung?

Wenn Sie gerne Bergwanderungen unternehmen, sollten Sie in Zukunft vermehrt auf das freiliegende Felsgestein achten. Entdecken Sie auf dem Felsgestein Maßerungen, die einem Schneckenhaus gleichen,

Verwirbelungen kommen am häufigsten in Hoch- und Mittelgebirgen vor. handelt es sich um eine Gesteinsverwerfung. Mit etwas Glück finden Sie eine Stelle, an der Sie verschiedene Gesteinsschichten unterscheiden können. Diese Verwirbelungen von Fels- oder Vulkangestein sind relativ selten. Sie kommen am häufigsten in der Umgebung von Hoch- und Mittelgebirgen vor, können allerdings auch im Flachland auftreten. In der Abbildung (Seite 21) können Sie deutlich verschiedene Gesteins-

---

Fachwissen

Gesteinsbrüche

Gesteinsbrüche können mehrere hunderttausend Jahre alt sein. Sie sind durch Vulkanausbrüche, Erderschütterungen, Hohlräume unter der Erdoberfläche und Erdbeben entstanden.

Heute kann es zur Formung neuer Gesteinsbrüche kommen, wenn die Erde aktiv ist, oder wenn Hohlräume unter der Erdoberfläche (z. B. in Grubengebieten) einstürzen. Gesteinsbrüche in Mittel- und Hochgebirgen weisen die stärkste Erdstrahlenbelastung auf.

Die Klüfte der Gesteinsbrüche sind meistens 20 Zentimeter bis 1 Meter breit. Die Bruchlänge kann von wenigen Metern bis zu vielen Kilometern reichen. Brüche von 5 Kilometern Länge sind in unseren Breitengraden keine Seltenheit. Wir kennen drei Arten von Gesteinsbrüchen.

Gesteinsbrüche mit starken elektrischen Feldern

Stellen Sie sich eine Baugrube von ca. 7 Metern Tiefe vor. Sie erkennen, daß der Boden aus verschiedenen Erdschichten besteht. Meistens befindet sich oben eine Humusschicht. Darunter folgen eine Sandschicht, eine Kohleschicht, wiederum eine Sandschicht und eine Zinkerzschicht (siehe Grafik Seite 17).

Unter der Zinkerzschicht befindet sich ein Hohlraum, dessen Decke das Gewicht des Erdreichs nicht mehr tragen konnte und nach unten abgebrochen ist. Das darüber lastende Gestein ist nachgerutscht. Die Gesteinsschichten haben sich verschoben, so daß an der Bruchstelle die Kohleschicht und die Zinkerzschicht aneinanderstoßen. Sie sind elektrisch unterschiedlich geladen. Dadurch entstehen elektrische Fel- der und Erdstrahlung. Elektrische Spannungsfelder können jedoch nicht nur durch Zink und Kohle, sondern auch durch das Berühren anderer metall- und mineralhaltiger Gesteine entstehen.

Gesteinsbrüche mit Magmastrahlung

Gesteinsbrüche mit Magmastrahlung erkennen wir an sehr langen senkrechten Klüften. Die Strahlung kann aus dem flüssigen Erdkern durch diese oft über 1 Kilometer langen Klüfte beinahe ungebremst an die Erdoberfläche treten.

Gesteinsbrüche mit einem hohen Anteil an Magmastrahlung kommen hauptsächlich in Hoch- und Mittelgebirgen sowie in Regionen mit ehemaliger Vulkantätigkeit vor. Je tiefer und breiter die Klüfte der Brüche sind, desto intensiver ist die Strahlung. Sie ist hauptsächlich für die aggressive Wirkung eines Gesteinsbruches verantwortlich. Krankheiten wie Lähmungen oder Krebs können die Folge sein.

Wasserführende Gesteinsbrüche

Ein wasserführender Gesteinsbruch ist von der Erdoberfläche aus nicht zu erkennen, weil sich auf den Bruchstellen im Laufe der Zeit Erdreich angelagert hat. Die Kluft dieser Gesteinsbrüche ist an ihrem unteren Ende durch einen wasserundurchlässigen Boden abgeschlossen. Das an den Bruchflächen absickernde Wasser bildet eine Wasserader, die sich ihren Weg entlang der Kluft bahnt. Durch die Reibung des Wassers am Erdreich entsteht Erdstrahlung.

Gesteinsbrüche, in denen alle drei Arten der Erdstrahlung zusammentreffen, sind die aggressivste Belastung für unsere Gesundheit, die wir kennen.

schichten erkennen, die einer Biskuitrolle ähnlich ineinander verschlungen sind.

Gesteinsverwerfungen sind vor Urzeiten durch riesige Eisgletscher, die sich über die Erde geschoben haben, und durch Vulkanausbrüche entstanden. An heute noch aktiven Vulkanen können jederzeit neue Gesteinsverwerfungen entstehen. Sie können eine Ausdehnung von 100 Quadratmetern und mehr erreichen. Die Strahlenbelastung kann sehr gering, aber auch äußerst hoch sein. Sie hängt von der elektrischen Ladung der aufeinanderprallenden Gesteinsschichten ab.

Wie können Gesteinsverwerfungen entstehen?

Stellen Sie sich eine Schneelawine vor, die mit ungeheurer Wucht zu Tal rollt. Auf die gleiche Weise rollt flüssige Lava, die aus dem Inneren eines Vulkans austritt, an seinen Hängen abwärts. Beginnt die Lava zu erkalten, bilden sich feste Gesteinsstücke, die zusammen mit der noch flüssigen Lava weiterrollen. Je weiter diese Stücke zu Tal rollen, desto größer werden sie. Immer mehr Lava wickelt sich um das ursprüngliche Stück herum, bis es

Fragen aus der Praxis

Wo kann Magmastrahlung auftreten?

Magmastrahlung tritt in Gesteinsbrüchen auf, die vorwiegend in felsigen Regionen zu finden sind. Leben Sie in der Nähe von Hoch- und Mittelgebirgen oder an Steilküsten, sollten Sie einen Rutengänger beauftragen, Ihre Wohnung auf Magmastrahlung zu untersuchen. Sie kann Ihrer Gesundheit ernsthaften Schaden zufügen.

Querschnitt durch die Gesteinsschichten einer Gesteinsverwerfung: Gesteinsverwerfungen entstanden durch Eisgletscher, die riesige Mengen Erdreich bewegten, und Vulkanausbrüche. Dabei prallten Unmengen unterschiedlich elektrisch geladener Gesteinsschichten (+/–) aufeinander und verwirbelten sich. Gesteinsverwerfungen können an aktiven Vulkanen weiterhin entstehen.

21

Verwirbelungen entstanden durch Gletscher und Vulkane. zu einem riesengroßen Brocken angewachsen ist. Kommt dieser Gesteinsbrocken dann zur Ruhe, haben sich eine große Menge von verschiedensten Gesteinsschichten an ihm angelagert und verwirbelt (Einen Querschnitt durch diese Gesteinsschichten sehen Sie in der Grafik auf Seite 21).

Die gleichen Verwirbelungen entstanden, als während der verschiedenen Eiszeiten riesige Eisgletscher

---

Fachwissen

Gesteinsverwerfungen

Gesteinsverwerfungen sind durch Vulkantätigkeit oder Eisgletscher, die riesige Mengen Erdreich bewegten, entstanden.

Formung durch Vulkantätigkeit

Durch Bewegungen in der Erdkruste und das Entstehen neuer Vulkane wurden Gesteinsschichten verschoben und verwirbelt. Aus dem flüssigen Erdkern ausbrechendes Magma hat sich beim Erkalten ineinandergefaltet. Durch aktive Vulkane können sich neue Gesteinsverwerfungen bilden.

Formung durch Eisgletscher

Große Eisgletscher schoben riesige Mengen an Gesteinsschichten vor sich her. Durch die ungeheure Kraft, die die Gletscher dabei entwickelt haben, verwirbelten sich die Gesteinsschichten während des Aufpralls an großen Hindernissen.

Entstehung der Belastung

Unterschiedlich elektrisch geladene Gesteinsschichten stoßen in der Gesteinsverwerfung aneinander und bilden elektrische Spannungsfelder und damit Erdstrahlung.

An der Maßerung (Bildmitte) können Sie die Verwirbelung der Gesteinsschichten erkennen.

unvorstellbare Mengen an Erdreich vor sich hergeschoben haben. In Gletscherregionen und den arktischen Kontinenten können sich deshalb ständig neue Gesteinsverwerfungen bilden.

Wie entsteht die Erdstrahlenbelastung?

Gesteinsverwerfungen können Sie nicht nur bei einer Gebirgswanderung, sondern auch zu Hause zu spüren bekommen. Sie können sich nämlich wie Gesteinsbrüche direkt unter Ihrer Wohnung befinden.

Die Belastung entsteht durch das Aneinanderstoßen von verwirbelten Gesteinsschichten, die elektrisch unterschiedlich geladen sind, und kann sich sehr stark auf unsere Psyche auswirken.

Sie führt oft zu Gereiztheit, Aggressionen oder Depressionen, die das Zusammenleben in einer Partnerschaft sehr beeinträchtigen können.

Ausdehnung und Auswirkungen der Verwerfung

Gesteinsverwerfungen können Ausdehnungen von 100 Quadratmetern und mehr erreichen.

> **Fragen aus der Praxis**
>
> ### Wie groß können Gesteinsverwerfungen sein?
>
> *Gesteinsverwerfungen können unterschiedliche Größen erreichen. Sie erstrecken sich von einigen Quadratmetern bis zu einigen 100 Quadratmetern. In Wohngegenden des flachen Landes findet man relativ häufig kleinere Verwerfungen, die oftmals nur ein einzelnes Haus belasten. Größere Verwerfungen finden wir in der Nähe von Hoch- und Mittelgebirgen. In Ortschaften oder Städten, die in der Nähe eines Gebirges liegen, können ganze Straßenzüge belastet sein.*

Die Erdstrahlenbelastung der Gesteinsverwerfung wirkt sich neben unserer Psyche insbesondere auf unser Nervensystem aus. Krankheiten wie Epilepsie und Multiple Sklerose können die Folge sein. Familien, die von dieser Art Erdstrahlung betroffen sind, neigen oft zu heftigen Streitigkeiten.

Gesteinsverwerfungen können sich sehr stark auf unsere Psyche auswirken.

Was sind Gitternetze?

Gitternetze bestehen aus energiereichen Linien, die wie die Längen- und Breitengrade unsere Erde umspannen.

Sie können sich diese Gitternetze wie aneinandergereihte Rechtecke vorstellen (siehe Abbildungen auf Seite 24 und 26). Sie verlaufen von Norden nach Süden, von Osten nach Westen, von Nordosten nach Südwesten und von Südosten nach

Die Linien der Gitternetze umspannen den ganzen Planeten.

Die Kreuzungen der Linien heißen Gitternetzpunkte.

Nordwesten. Ihre Anzahl ist unüberschaubar hoch.

Die Stellen, an denen sich die einzelnen Linien des gleichen Gitternetzes kreuzen, heißen Gitternetzpunkte. Von diesen Kreuzungspunkten geht die Erdstrahlenbelastung aus.

Überlieferungen zufolge kannten bereits Menschen vor 3000 Jahren, die noch wesentlich stärker im Einklang mit der Natur lebten als wir,

die gesundheitlichen Risiken dieser Kreuzungspunkte.

In den fünfziger Jahren wurden die Gitternetze von Dr. Hartmann und Dr. Curry wiederentdeckt. Den Anstoß gab der französische Arzt Dr. Peyre. Er hatte mit der Rute ein schachbrettartiges Strahlungsmuster festgestellt. Mit Hilfe dieser Ergebnisse konnten Hartmann und Curry zwei Arten unterscheiden: das Global- und das Currygitternetz.

Fachwissen

Wir unterscheiden zwei Gitternetze, in denen starke Erdstrahlenbelastung auftritt: das Globalgitternetz und das Currygitternetz. Die Linien dieser Gitternetze sind keine gesundheitliche Gefahr für den Menschen. Die Kreuzungspunkte dieser Linien sind nur dann gefährlich, wenn sie demselben Gitternetz entstammen:

Globalgitternetz x *Globalgitternetz* → *Kreuzungspunkte belastet*
Globalgitternetz x *Currygitternetz* → *Kreuzungspunkte nicht belastet*
Currygitternetz x *Currygitternetz* → *Kreuzungspunkte belastet*

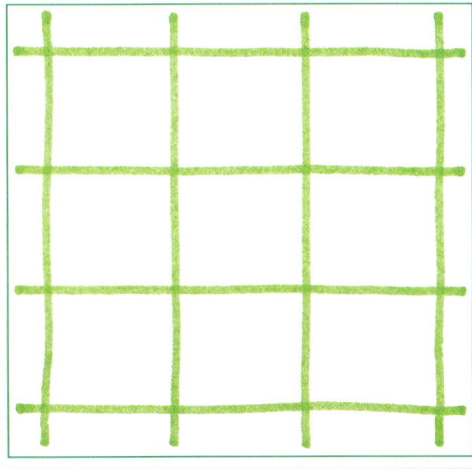

Das Globalgitternetz

Dieses Gitternetz verläuft von Norden nach Süden und von Osten nach Westen. Die Netzlinien haben einen Abstand von ca. 2,80 Meter auf ca. 3,20 Meter. Sie sind ca. 20–25 Zentimeter breit.

Die Kreuzungspunkte haben einen Durchmesser von ca. 60 Zentimetern und erreichen dabei eine Stärke von 1400 Reizeinheiten (RE), wenn keine sonstigen Belastungen in ihrer unmittelbaren Umgebung auftreten.

Befinden sie sich in einer starken Störzone, z.B. einer Wasseraderkreuzung, können sie sich bis auf 1,10 Meter ausdehnen.

Wie entsteht die Erdstrahlenbelastung in Gitternetzen?

Sicherlich gehen Sie jeden Abend zeitig zu Bett, um am nächsten Morgen völlig erholt ihren anstehenden Verpflichtungen nachgehen zu können. Trotzdem fühlen Sie sich bereits beim Aufwachen abgeschlagen und finden für Ihre Müdigkeit keinerlei Erklärung. Zusätzlich spüren Sie Unwohlsein im Bauchbereich.

Der Tatsache, daß Ihre Hauskatze sich an Ihrem Schlafplatz ausgesprochen wohl fühlt, schenken Sie keine größere Bedeutung.

Gerade das Verhalten der Katze kann jedoch die Lösung Ihres Problems sein. Katzen bevorzugen nämlich erdstrahlenbelastete Zonen und suchen ihren Lieblingsplatz auf dem Kreuzungspunkt eines Gitternetzes.

Wenn Sie einen solchen Kreuzungspunkt im Bauchbereich unter dem Bettplatz haben, kann als Folge der konzentrierten Strahlenbelastung eine Krebserkrankung auftreten.

Wenn Sie die Punktbelastung im Oberkörperbereich haben, können Sie dort ebenfalls an Krebs erkranken. Lungen- oder Brustkrebs sind in diesem Fall oft zu beobachten.

Fragen aus der Praxis

Können breite Betten noch frei stehen?

Die Linien der Gitternetze sind keine Belastung. Auch die Stellen, an denen sich die Linien unterschiedlicher Netze kreuzen, sind keine Belastung. Deshalb ist es immer möglich, auch Ehebetten zwischen die Gitternetzpunkte zu stellen.

Die Linien des Globalgitternetzes haben einen Abstand von 2,8 Meter auf 3,2 Meter und die Linien des Currygitternetzes einen Abstand von 2,4 Meter auf 2,6 Meter.

Wenn Sie in einem Zimmer mit ca. 16 Quadratmetern Bodenfläche die Betten nicht in eine freie Zone stellen können, dann haben Sie vielleicht in einem gleich großen Zimmer nebenan die Möglichkeit dazu. Ist dies nicht der Fall, müssen Sie das Bett gegen die Erdstrahlung abschirmen (siehe Kapitel »Vorsorge und Hilfe«).

Wir wollen Sie trotz der Gefahren für Ihre Gesundheit beruhigen: Die Netzlinien selbst sind zwar energiegeladen, stellen aber noch keine gesundheitliche Belastung dar.

Erst wenn sich die Energielinien des gleichen Gitternetzes kreuzen, entsteht die aggressive gebündelte Erdstrahlung. Kreuzen sich Linien von verschiedenen Gitternetzen, haben Sie nichts zu befürchten.

Die Gefahr für Ihr Wohlbefinden geht also ausschließlich von den Kreuzungspunkten desselben Gitternetzes aus. Und diese Gefahr haben Ihnen Ihre Müdigkeit und Ihr Unwohlsein signalisiert.

Was Sie gegen die Kreuzungspunkte der Gitternetze unternehmen können, erfahren Sie in Kapitel »Vorsorge und Hilfe«.

Die Kreuzungspunkte der gleichen Gitternetzlinien gefährden die Gesundheit.

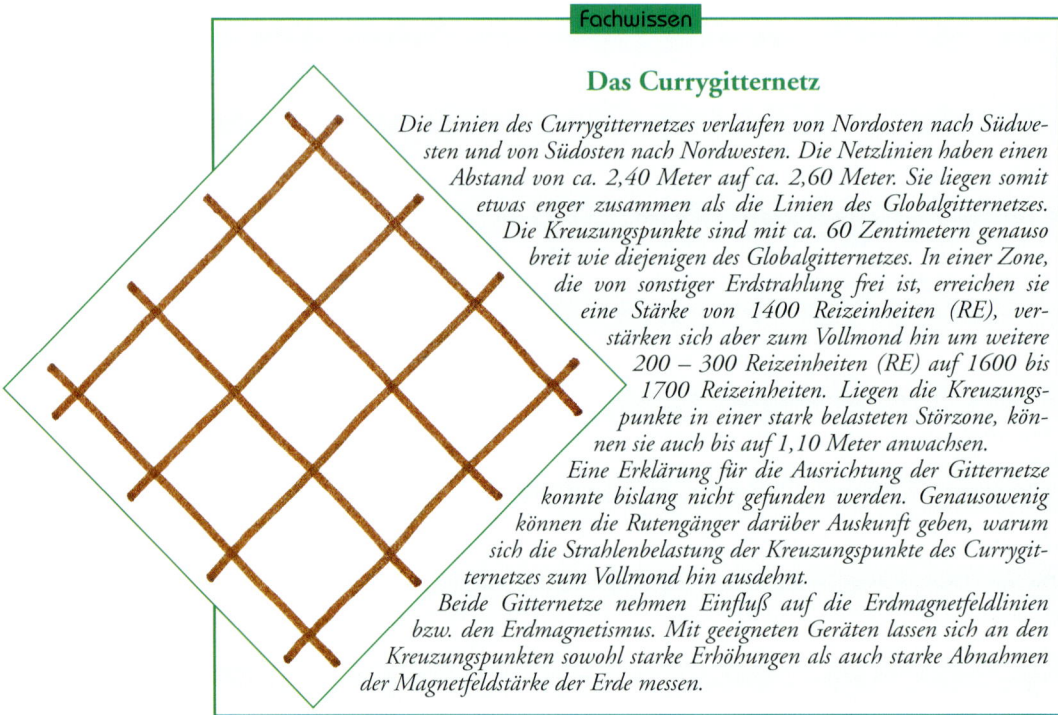

Das Currygitternetz

Die Linien des Currygitternetzes verlaufen von Nordosten nach Südwesten und von Südosten nach Nordwesten. Die Netzlinien haben einen Abstand von ca. 2,40 Meter auf ca. 2,60 Meter. Sie liegen somit etwas enger zusammen als die Linien des Globalgitternetzes. Die Kreuzungspunkte sind mit ca. 60 Zentimetern genauso breit wie diejenigen des Globalgitternetzes. In einer Zone, die von sonstiger Erdstrahlung frei ist, erreichen sie eine Stärke von 1400 Reizeinheiten (RE), verstärken sich aber zum Vollmond hin um weitere 200 – 300 Reizeinheiten (RE) auf 1600 bis 1700 Reizeinheiten. Liegen die Kreuzungspunkte in einer stark belasteten Störzone, können sie auch bis auf 1,10 Meter anwachsen.

Eine Erklärung für die Ausrichtung der Gitternetze konnte bislang nicht gefunden werden. Genausowenig können die Rutengänger darüber Auskunft geben, warum sich die Strahlenbelastung der Kreuzungspunkte des Currygitternetzes zum Vollmond hin ausdehnt.

Beide Gitternetze nehmen Einfluß auf die Erdmagnetfeldlinien bzw. den Erdmagnetismus. Mit geeigneten Geräten lassen sich an den Kreuzungspunkten sowohl starke Erhöhungen als auch starke Abnahmen der Magnetfeldstärke der Erde messen.

Wie wirken Erdstrahlen auf Menschen?

Erdstrahlung ist an jedem Ort allgegenwärtig.

Wir kennen fünf Arten von Erdstrahlung, die unser Wohlbefinden ganz entscheidend beeinflussen können.

Wasseradern, Gesteinsbrüche oder Gitternetzpunkte können überall auftreten – unter Ihrem Schlafzimmer, unter dem Lieblingssessel im Wohnzimmer, unter Ihrem Arbeitsplatz, unter Ihrem liebenswert gepflegten Garten mit seinen üppig wuchernden Pflanzenschönheiten oder irgendwo im Gebirge an einem Berghang, den Sie für eine scheinbar erholsame Bergwanderung ausgewählt haben.

Die Erdstrahlung begleitet uns auf Schritt und Tritt, ohne daß wir es wissen. Es ist völlig gleichgültig, wo wir uns gerade aufhalten – sie ist immer da, an jedem Ort der Erde.

Wir Menschen fühlen uns überall dort wohl, wo es keine Wasseradern oder Gitternetzpunkte gibt, die ihre gefährlichen Strahlungen aussenden. Solche freien Zonen sind für uns lebensnotwendig, um Kraft und Energie tanken zu können und den Körper zu regenerieren.

Kurzfristiger Energieschub

Wenn Sie dennoch kurzzeitig einer Erdstrahlenbelastung ausgesetzt sind, weil Sie möglicherweise aus Platzgründen eine Besprechung mit Kollegen in einem ganz bestimmten Zimmer Ihrer Firma abhalten müssen, kann das manchmal auch gut für Sie sein.

Sollte beispielsweise im Erdreich unter dem Zimmer eine Gesteinsverwerfung verlaufen, kann die aufsteigende Erdstrahlung stimulierend auf Sie einwirken. Sie werden in diesem Fall kurzfristig mit so viel Energie versorgt, daß Sie Ihre Besprechung mühelos zu einem erfolgreichen Abschluß führen.

Sollte diese Energie allerdings länger als eine Viertelstunde auf Sie einwirken, werden sich sehr rasch die negativen Begleiterscheinungen der Energiemenge bemerkbar machen: Kopfschmerzen, Konzentrationsverlust, zunehmende Müdigkeit und Abgespanntheit sind die unangenehme Folge.

Langfristige Belastung

Sollte Ihr ständiger Arbeitsplatz allerdings über besagter Gesteinsverwerfung oder anderen Störzonen liegen, können langfristig weitaus gravierendere Krankheiten‘ wie Neurodermitis, Epilepsie, Herzinfarkt oder Krebs auftreten.

Auch wenn Sie die gefährlichen Auswirkungen nicht spüren, werden sich die damit verbundenen Risiken auf Dauer bemerkbar machen.

Deshalb sollten Sie Ihren Vorgesetzten oder den Chef Ihrer Firma darauf ansprechen, Ihr Bürogebäude auf Erdstrahlung untersuchen zu lassen. Sie tun sich selbst und Ihren Kollegen damit einen sehr großen Gefallen: Sie schützen die Gesundheit aller.

Schlimmer als am Arbeits- oder Sitzplatz wirken sich Erdstrahlen im Bettbereich aus, weil die Erdstrahlen während der Nacht stärker sind als tagsüber. Außerdem liegen wir im Bett acht Stunden an derselben Stelle.

Unser Körper befindet sich dabei in einer Erholungsphase und gibt deshalb wenig Kraft ab, sofern er belastungsfrei ruht.

Ist dies nicht der Fall, gibt der Körper sehr viel Kraft ab und kann sich

Langfristige Belastung kann zu schweren Krankheiten führen.

Kurzzeitige Erdstrahlung kann Sie stimulieren.

27

Fachwissen

Erdmagnetfeld

Die Erde besitzt ein Magnetfeld. Dieses Magnetfeld schützt uns vor kosmischen Einflüssen. Gleichzeitig wirkt es sich auch auf die Erdstrahlung aus. Wird das Magnetfeld mit Sonneneinwirkung gegen die Erde gedrückt, nehmen die Auswirkungen der Erdstrahlung ab. Dehnt sich das Magnetfeld über Nacht, steigt die Erdstrahlenbelastung wieder an.

um so schlechter regenerieren. Die Folge ist langfristiger Energiemangel, der zu Stoffwechselstörungen und damit zu Krankheiten führt.

Wie wirken Erdstrahlen auf Tiere?

Tiere sind einerseits Strahlenflüchter, andererseits Strahlensucher.

Für den Menschen ist es weitgehend unangenehm, wenn er einer Erdstrahlenbelastung ausgesetzt ist. Für Tiere trifft das nicht generell zu. Einige Tierarten lieben es geradezu, sich in einem erdstrahlenbelasteten Umfeld aufzuhalten. Diese Arten nennen wir Strahlensucher.

Andere Arten verhalten sich wie die Menschen und bevorzugen strahlenfreie Zonen. Sie sind Strahlenflüchter.

»Dort, wo der Hund sich niederlegt, kannst du dich getrost auch hinlegen« ist eine alte Volksweisheit. Haben Sie Ihrem Hund einen ganz bestimmten Platz in Ihrem Zuhause zugedacht, doch Ihr bester Freund will partout nicht an diesem Ort schlafen? Vielmehr legt er sich auf die kalten Fliesen im Flur, eine Stelle, die wir ungemütlich finden.

Ihr Hund handelt instinktiv und flieht vor der für ihn bedrohlichen Strahlenbelastung. Für Strahlenflüchter wie Hunde sind die Erdstrahlen genauso ein Problem wie für uns Menschen. Sie müssen Störzonen ebenfalls meiden. Deshalb zieht Ihr Hund den scheinbar schlechteren Schlafplatz vor.

Für die wildlebenden Tiere ist dieses Verhalten normal. Sie besitzen noch ihren natürlichen Instinkt, der sie zu den Plätzen führt, an denen sie vor Strahlung sicher sind.

Rehe oder Hirsche, die in freier Wildbahn leben, äsen vorwiegend an unbelasteten Orten. Sie suchen nur dann belastete Futterquellen auf, wenn die strahlenfreie Nahrung aufgebraucht ist. Sie bleiben an dieser Stelle nur für die Zeit des Fressens, um sofort wieder an einen strahlenfreien Platz weiterzuziehen.

Haustiere wie Kühe legen sich nach dem Weiden auf erdstrahlenfreie Plätze, niemals an eine belastete Stelle. Kühe, die nur im Stall gehalten werden und dort einer starken Störzone nicht ausweichen können, werden meist sehr krank. Rheuma und Krebs können die Folge sein. Erfahrene Züchter berichten auch von einer hohen Zahl totgeborener Kälber.

Wenn Strahlenflüchter in der Strahlungszone verharren müssen, verlieren sie ihren Instinkt, Erdstrahlen wahrzunehmen. Dann können schlimme Krankheiten auftreten.

Für strahlensuchende Tiere sind Belastungszonen dagegen wohltuend und häufig lebensnotwendig. Denken Sie an den Ameisenhaufen, der von den emsigen Tierchen immer in einer strahlenbelasteten Umgebung gebaut wird, oder an Ihre Katze, die vorzugsweise strahlenbelastete Schlafplätze an Gitternetzpunkten liebt.

Für Katzen sind diese Punkte doppelt bedeutend. Sie suchen sie auch auf, um dort ihre Jungen zu gebären. Die Katze benötigt die Erdstrahlung zum Wohlfühlen, und bei einer anstehenden Geburt ist es wichtig, so entspannt wie nur möglich zu sein.

Im Fell der Katze ist darüber hinaus eine Kraft, die die Erdstrahlung verdrängt. Das berühmte Katzenfell, das unsere Eltern oder Großeltern bei Rückenschmerzen an der Wirbelsäule anbrachten, hilft die Erdstrahlung abzuschirmen und die Muskulatur zu entspannen.

Denken Sie auch an Bienen. Sie fühlen sich nicht nur wohl, wenn der Stock in belasteten Zonen steht, sie geben sogar bedeutend mehr Honig. Nach Evelyn Penrose, einer englischen Rutengängerin, soll das bis zur dreifachen Menge gegenüber erdstrahlenfreien Zonen ausmachen.

Wie wirken Erdstrahlen auf Pflanzen?

Wissen Sie, daß wild wachsende Heilpflanzen eine bessere Heilwirkung aufweisen als Pflanzen, die auf Plantagen gezogen werden?

Wichtige Heilpflanzen wie Pfefferminze oder Ringelblume siedeln sich vornehmlich auf strahlenbelastetem Boden an. Die starke Erdstrahlung hilft ihnen, ihre Duftstoffe und Heilkräfte bestens zu entwickeln.

Auf Plantagen werden die gleichen Pflanzen nach den vorhandenen Platzmöglichkeiten gepflanzt. Deshalb wachsen einige von ihnen auch in strahlenfreier Erde.

Die teilweise fehlende Erdstrahlung hat zur Folge, daß diese Pflanzen in ihrem Wachstum und ihrer Heilkraft niemals die Qualität der wildlebenden Exemplare erreichen.

Wild wachsende Heilpflanzen entwickeln bessere Heilkräfte.

29

Der Riß in der Bodenplatte läßt einen Gesteinsbruch vermuten.

Yucca-Palmen fühlen sich in Erdstrahlenzonen wohl. Gehört die Yucca-Palme zu Ihren Lieblingspflanzen? Yucca-Palmen sind Strahlensucher und gedeihen vielfach schlecht, wenn sie keinen ausreichend erdstrahlenbelaste-ten Standort bekommen. Ist Ihre Pflanze dagegen ein Blickfang des Wohnzimmers, sollten Sie keinesfalls Ihren Schlafplatz an derselben Stelle einen Stock höher einrichten, denn die Erdstrahlenbelastung steigt an diesem Platz senkrecht vom Keller bis zum Dachgeschoß nach oben.

Das Holz von strahlensuchenden Bäumen enthält eine Kraft, die Erdstrahlung verdrängt. Mit aufgeschichtetem Holz von Eichen haben unsere Vorfahren ihre Betten gegen Erdstrahlen abgeschirmt. Dazu waren allerdings Holzschichten von ein bis zwei Metern Dicke nötig.

Während der Sommermonate erfreuen Sie sich an Ihren wunder-

Fragen aus der Praxis

Schaden Erdstrahlen gelagerten Lebensmitteln?

Viele Menschen achten beim Lagern ihrer Lebensmittel leider nur auf die allgemeinen Hygieneempfehlungen. Dabei wäre es sehr nützlich und durchaus gewinnbringend, wenn Sie Ihre Vorratskammer an einem strahlenfreien Platz einrichten würden.

Früchte und Gemüse von strahlenflüchtenden Pflanzen beginnen schneller zu verderben, wenn Sie in einer belasteten Zone lagern. Selbst eingemachtes Obst und Marmelade neigt zum Verschimmeln, Käse neigt zum Gären und Schimmeln. Auch der gute Tropfen in Ihrem Weinkeller neigt unter Strahleneinfluß zum Versäuern.

Sie können Ärger und Geld sparen, wenn Sie alle Lebensmittel in erdstrahlenfreien Zonen lagern.

30

schönen Geranien auf dem Balkon. Sicher fällt Ihnen dabei auf, daß nicht jeder Stock gleich üppig wächst, obwohl Sie alle Pflanzen sehr sorgsam pflegen.

Sie denken aber sicher nicht daran, daß die im Wachstum zurückbleibenden Exemplare in belasteten Zonen stehen. Geranien sind nämlich im Gegensatz zu Yucca-Palmen Strahlenflüchter und benötigen für das gute Gedeihen einen strahlungsfreien Standort.

Wie wirken Erdstrahlen auf Lebensmittel?

Wußten Sie, daß es nicht gleichgültig ist, wo Sie Ihre Kartoffeln lagern? Über Wasseradern und anderen Störzonen fangen diese Strahlenflüchter viel schneller an zu faulen. Können Sie sich vorstellen, daß Ihre verschimmelte Marmelade nur am falschen Platz gelagert war?

Schon 1897 entdeckte ein italienischer Rutengänger, daß Erdstrahlung einen schädlichen Einfluß auf die Käseherstellung ausübte. Er stellte fest, daß die für den Käse erforderlichen Bakterienkulturen sich abnorm entwickelten, wenn sie sich exakt über einer Wasserader befanden.

Nach dem Geologen Kopp haben Erdstrahlen die Fähigkeit, Kartoffeln schneller zum Verfaulen, Wein oder Most schneller zum Versäuern und Marmelade schneller zum Verschimmeln zu bringen.

Lagern Sie frische Lebensmittel stets erdstrahlenfrei.

Fachwissen

Wie können Sie als Laie Erdstrahlung erkennen?

Wasserader

Schräg wachsende, mit Krebsknoten befallene, verkrüppelte Bäume oder Ameisenstraßen in einer Linie deuten auf Wasseradern oder Gesteinsbrüche hin. Nur bei diesen zwei Arten von Erdstrahlung ist es möglich, daß sich die Auswirkungen in einer Linie zeigen, die dem Verlauf des Gesteinsbruchs oder der Wasserader entspricht.

Um die Ursachen der Baumerkrankungen einer Wasserader zuordnen zu können, müssen Sie an der Wasserquelle stehen. Das Wasser muß hier aus dem Boden sprudeln und die Schäden an den Bäumen müssen von dieser Stelle aus zu sehen sein. Wenn Sie den Austritt des Wassers aus dem Erdreich nicht sehen, könnte es sich auch um einen Gesteinsbruch handeln.

Gesteinsbruch

Um einen Gesteinsbruch zweifelsfrei zu erkennen, müssen Sie ihn sehen. Das können Sie am besten in einem Steinbruch, an einer Steilküste, im Gebirge oder an felsigen Stellen. Der Gesteinsbruch auf Seite 16 befindet sich in einem Steinbruch.

In vielen Steinbrüchen können Sie Gesteinsbrüche finden, ebenso in den Alpen oder an den Steilküsten von Dover (Südengland). In Grubengebieten wie im Saarland deuten abgesenkte Häuser oder Straßen fast sicher auf Gesteinsbrüche hin, denn die Absenkung ist für eine ausgetrocknete Wasserader zu tief. Bei Rissen im Mauerwerk von Häusern ist die Wahrscheinlichkeit eines Bruches dann sehr hoch, wenn der Riß senkrecht in der Mitte des Mauerwerks verläuft. Der Riß kann auch von einer ausgetrockneten Wasserader herrühren.

Wie können Sie als Laie Erdstrahlung erkennen?

Gesteinsverwerfung

Auch eine Gesteinsverwerfung müssen Sie sehen, um sie zu erkennen. Sie müssen also in Steinbrüchen, an Steilküsten oder im Gebirge nach Musterungen auf dem Felsgestein Ausschau halten. Gesteinsverwerfungen verursachen keine Risse in Mauerwerken. Es gibt auch keine Absenkung von Gebäuden. Sie sind wesentlich schwieriger zu erkennen als Wasseradern oder Gesteinsbrüche.

Gitternetzpunkte

Um die Netzpunkte des Global- und Currygitternetzes zu erkennen, bemühen Sie sich vergeblich. Sie haben absolut keine Chance, eine sichere Aussage über das Vorhandensein eines Netzpunktes zu machen. Allerdings bietet Ihnen das Verhalten von Tieren die Möglichkeit, die Lage und den Verlauf vorhandener Gitternetzpunkte zu erschließen. Dazu müssen Sie Ihre Katze beobachten, die ein Strahlensucher ist. Die Erfahrung zeigt, daß sich Katzen zum Schlafen gerne an den Rand eines Netzpunktes legen und dort auch ihre Jungen zur Welt bringen. Allerdings darf Ihre Katze nicht überzüchtet sein.
Überzüchtete Katzen, die nur in der Wohnung gehalten werden, büßen sehr oft ihre Instinkte ein. Deshalb nehmen sie auch die Erdstrahlung nicht mehr genau wahr. Beobachten Sie deshalb nur Katzen, die noch über ihre natürlichen Instinkte verfügen.

Wenn Sie Rat und Hilfe benötigen und sichergehen wollen, sollten Sie sich an einen geprüften Rutengänger wenden.

Risse im Mauerwerk weisen auf einen Gesteinsbruch hin.

Wundern Sie sich nicht, wenn an Ihrer selbst gekochten Marmelade die Deckel aufspringen, weil sie verschimmelt ist und gärt. Stellen Sie deshalb die nächsten eingemachten Konfitüre- oder Früchtegläser an einen strahlenfreien Platz. Lebensmitteln in Dosen können Erdstrahlen nichts anhaben.

Wie wirken Erdstrahlen auf Bauwerke?

Können Sie sich vorstellen, daß Risse in Häuserwänden mit Gesteinsbrüchen zusammenhängen? Wenn ein Haus über einem Gesteinsbruch gebaut ist, und der Bruch noch arbeitet, sich also die auseinandergebrochenen Felsschichten noch leicht gegeneinander verschieben, wird ein Druck auf die Bodenplatte oder die Fundamente des Hauses ausgeübt. Dieser Druck ist immens stark.

Stellen Sie sich die Kräfte vor, die Felsgestein hat, wenn es sich bewegt. Druckkräfte von einigen tausend Tonnen sind völlig normal.

Wenn sich die Felsschichten nur um einige Zentimeter bewegen, ist der Druck auf die Fundamente eines Hauses derart stark, daß sie nachgeben und brechen. So entstehen Risse im Mauerwerk (siehe Abb. Seite 30). Diese Risse können auch entstehen, wenn knapp unter dem Erdreich liegende Wasseradern im Sommer austrocknen. Durch das fehlende Wasser in der Ader entstehen Hohlräume im Boden. In einigen Ortschaften in der Nähe von Mainz sind deshalb Häuser baufällig und unbewohnbar geworden.

Wir können diesen Vorgang mit der Blumenerde vergleichen, die austrocknet und sich vom Topfrand löst, wenn sie nicht regelmäßig gegossen wird.

Man hätte die Schäden an den Häusern vermeiden können, wenn ein professioneller Rutengänger die Umgebung systematisch auf Erdstrahlung untersucht hätte.

Wie Sie Erdstrahlen in Ihrer Umgebung erkennen

Sie kennen nun die einzelnen Arten der Erdstrahlen, Sie kennen die Auswirkungen auf Menschen, Tiere und Pflanzen. Hätten Sie gedacht, daß es Kräfte in der Natur gibt, die sich so vielfältig und nachhaltig auf alles Leben der Erde auswirken? Ist es dabei nicht wunderbar, daß den Schattenseiten auch Licht gegenübersteht?

Für die Menschen ist Erdstrahlung eine gesundheitliche Gefahr, den Heilpflanzen bietet sie jedoch eine durch nichts aufzuwiegende Lebensgrundlage. Sie sind dann in der

Sie können Erdstrahlung weder sehen, noch fühlen, noch riechen. Durch genaues Beobachten von Tieren und Pflanzen können Sie auf Erdstrahlung schließen.

Benötige ich unbedingt einen Rutengänger oder kann ich Erdstrahlung selbst feststellen?

Anhand vieler Anzeichen in der Natur und in Ihrem Umfeld können Sie Erdstrahlung feststellen. So zeigen Ihnen viele Tiere wie Ameisen, Wespen oder Mückenschwärme das Vorhandensein von Erdstrahlung. Ameisenhaufen stehen immer in belasteten Zonen, ihre Wege führen über Wasseradern oder Gesteinsbrüche. Wespen bauen Ihre Nester ausschließlich in geopathogene Zonen, Mückenschwärme stehen immer über Erdstrahlenbelastung. Auch verkrüppelte Bäume und kahle Stellen in Ihrem Gemüsebeet deuten auf Erdstrahlenbelastung. Bäume können durch Erdstrahlung schwer erkranken, Gemüse kann durch Erdstrahlung im Wachstum zurückbleiben. Durch Beobachtung können Sie viele, aber nicht alle Störzonen erkennen. Ihre Wohnung kann durch Erdstrahlung äußerst belastet sein, obwohl der Apfelbaum in Ihrem wunderbar blühenden Garten hervorragend wächst und gedeiht. Der Apfelbaum fühlt sich wohl, weil er auf einem strahlenfreien Platz steht. Andererseits kann Ihr Bett auch völlig unbelastet sein, obwohl sich in Ihrer Umgebung viele Anzeichen für Erdstrahlenbelastung finden.

Wenn Sie sich Sicherheit verschaffen wollen, müssen Sie sich an einen geprüften Rutengänger wenden.

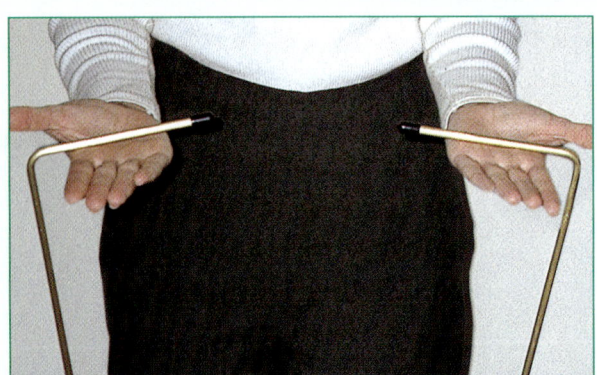

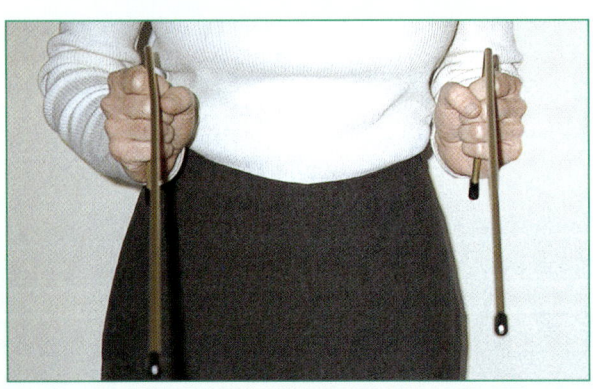

Übung mit den Winkelruten

Durch diese Übung werden Sie nicht zum Rutengänger. Sie können als Laie den Ausschlag der Rute nicht bewerten. Mit dieser Übung möchten wir aufzeigen, daß sich an bestimmten Plätzen die Ruten bewegen.

Die Rutenbewegung hängt nicht vom Material oder der Form der Rute ab, sondern vom Menschen, der sie in seinen Händen hält.

Sobald wir in einen bestrahlten Bereich kommen, verspannt der Körper minimal, aber doch so stark, daß wir eine geringe Bewegung in den Gelenken spüren. In diesem Moment hat sich die Muskelspannung an allen Gelenken verändert. Dies geschieht unbewußt.

Bewußt nehmen wir die Reaktion der Rute wahr. Würden wir die Ruten beweglich an ein Fahrgestell binden und dieses Gestell über die Belastungszone ziehen, würde sie sich nicht bewegen.

Daraus können wir erkennen, daß unser Körper unter dem Einfluß von Erdstrahlen mit Muskelanspannung reagiert.

Bild oben:
Die Winkelruten werden auf die offene Handfläche gelegt.

Bild Mitte:
Die Finger umgreifen die Winkelrute, die Arme bleiben dabei völlig entspannt.

Bild unten:
Drehen Sie die Handgelenke nach innen und halten Sie die Winkelrute locker.

Lage, besonders wirksame Heilstoffe zu produzieren, die uns wiederum zur Bekämpfung vieler Krankheiten nützen.

Ist dies nicht ein gelungener Kreislauf der Natur? Um Ihre Gesundheit und die Dinge, die Ihnen lieb und teuer sind, zu schützen, sollten Sie wissen, wie Sie Erdstrahlung in Ihrer häuslichen Umgebung erkennen können.

Leider können Sie Erdstrahlen weder sehen, fühlen noch riechen. Sie nehmen lediglich die Auswirkungen wahr, die Ihnen das Vorhandensein aufzeigen.

Anhand von Krankheiten und Mißbildungen Ihrer Bäume, dem Wuchs Ihrer Gemüsepflanzen, dem Erscheinungsbild Ihres Rasens und dem Verhalten von verschiedenen Tieren auf Ihrem Anwesen können Sie auf Erdstrahlenbelastung schließen.

Sie werden viele belastete Zonen in Ihrer Nähe feststellen und erhalten damit Hinweise auf eine zusätzliche Erdstrahlenbelastung in Ihrem Wohnbereich oder Ihrem Schlafzimmer.

Wenn mit Auswucherungen (Krebsknoten) befallene, schief wachsende oder verkrüppelte Obstbäume in Ihrem Garten stehen, sind Erdstrahlen sicher vorhanden. Im Wachstum zurückgebliebenes Gemüse deutet ebenfalls darauf hin. Wenn sich inmitten der saftig grünen Pracht Ihres Rasens verdorrte Stellen zeigen, kreuzen sich an diesem Platz mit Sicherheit einige Wasseradern oder Gesteinsbrüche.

Die Mückenschwärme, die Sie an sonnigen Tagen beim Kaffee auf Ihrer Terrasse stören, stehen über Kreuzungszonen. Die Ameisen, die in Ihr Wohnzimmer laufen, bahnen sich ihren Weg über Wasseradern oder Gesteinsbrüche.

Sollten Sie vermehrt Anzeichen dieser Art in Ihrem Umfeld feststellen (siehe auch Kapitel »Auswirkungen auf Tiere und Pflanzen«), ist es sinnvoll, Ihren Bettbereich von einem Rutengänger überprüfen zu lassen. Es besteht die große Wahrscheinlichkeit, daß dieser Bereich Ihrer Wohnung ebenfalls belastet ist.

Können Sie als Laie Erdstrahlen messen?

»Das genaueste Meßgerät ist der Mensch«, ist eine scharfsinnige Äußerung Goethes.

Sie können als Laie Erdstrahlen mit den Winkelruten wahrnehmen, wobei man aber nicht von messen sprechen kann.

Verdorrte Stellen im Rasen sind ein Zeichen für Erdstrahlung.

Erdstrahlung können Sie als Laie nur mit der Winkelrute wahrnehmen.

35

Erfolge durch physikalische Meßmethoden

Im Bereich des Rutengehens wird sehr viel Halbwissen verbreitet, das die seriöse Arbeit von Forschern behindert.

Es gibt ausgesprochen wenig Fachgebiete, in denen so viel Halbwissen verbreitet wird wie im Bereich der Radiästhesie (Rutengehen). Hier treten sensations- und geltungssüchtige Menschen und Experten von eigenen Gnaden auf den Plan, die die seriöse Arbeit von ernsthaft Forschenden behindern.

Um das Thema Erdstrahlen aus der Grauzone von Glauben und Dichtung herauszuheben, ist es notwendig, die heutigen technischen Möglichkeiten der Messung anzuwenden, die für jedermann leicht verständlich sind.

Die beschriebenen Ursachen der Erdstrahlung sind die für den Rutengänger sichtbaren Ursachen. Allerdings müssen weitere, heute noch nicht wahrnehmbare und beweisbare Ursachen vorhanden sein.

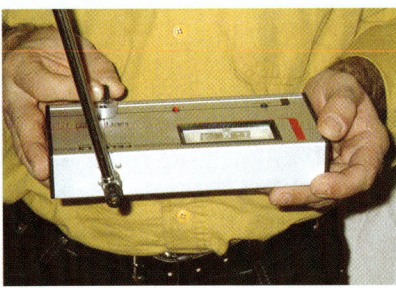

Meßgeräte erfassen Magnetfeldänderungen.

Greifen wir zur Erklärung nochmals das Beispiel von der Wasserader auf: Durch die Reibung des Wassers am Erdreich entstehen Wärme und minimale Elektrizität. Unter normalen Umständen würden sich Wärme und Elektrizität nicht senkrecht nach oben, sondern in verschiedene Richtungen ausbreiten und mehr oder weniger streuen.

Deshalb liegt die von vielen seriösen Radiästheten befürwortete Vermutung nahe, daß vom Kern der Erde eine Strahlung unbekannter Art ausgeht, die durch Wasseradern und Gesteinsbrüche gebündelt wird und dann einem Laserstrahl vergleichbar senkrecht nach oben führt. Teil dieser Strahlung ist in jedem Fall eine Neutronenstrahlung.

Es ist jedoch nicht auszuschließen, daß weitere, heute noch unbekannte Arten von Strahlung an dem Vorgang beteiligt sind. Diese Energieformen durchdringen die meisten Materialien so, als ob sie nicht vorhanden wären.

Sie führen teilweise zu einer starken Erhöhung der natürlichen Radioaktivität, zu Veränderungen der Luftionisation, des UKW-Feldes und zur Stärke des Erdmagnetfeldes.

Diese Veränderungen können wir heute mit modernen technischen Meßgeräten eindeutig nachweisen. Das heißt aber nicht, daß wir alleine über diese Feldveränderungen Wasseradern oder Gitternetzpunkte finden können.

Neben den Erdstrahlen gibt es noch einige andere Faktoren, die das Erdmagnetfeld verändern können. So führt beispielsweise Eisen zu einer Verzerrung im Erdmagnetfeld.

Wenn wir in einem Haus das Erdmagnetfeld messen, finden wir Plätze, die durch Erdstrahlung belastet sind. Das Meßgerät schlägt aber genauso sicher an Stellen aus, die nicht belastet sind. Das sind Plätze, an denen sich der Einfluß von Eisenträgern oder Heizkörpern stark bemerkbar macht.

Genaue Messungen für das Auffinden von Erdstrahlung können deshalb nur von einem ausgebildeten Rutengänger ausgeführt werden.

Wenn Sie die Winkelruten in die Hand nehmen und einen Ausschlag der Rute spüren, können Sie diesen Ausschlag nicht deuten. Sie wissen nicht wie hoch und welcher Art die Belastung ist. Sie wissen lediglich, daß eine Belastung vorhanden ist. Weitere Möglichkeiten der direkten Messung gibt es nicht.

Erdstrahlung und Ley-Linien

Haben Sie schon von Ley-Linien gehört? Diese Linien werden oft mit Erdstrahlung in Verbindung gebracht, weil man den Begriff immer wieder in Zusammenhang mit Rutengehen und Pendeln hört. Das hier angesprochene Rutengehen hat vordergründig nichts mit Erdstrahlen zu tun. Hier wird die Rute im Bereich der Geomantie eingesetzt.

Die Geomantie versucht zu ergründen, was frühere Völker bewogen hat, ihre Kultplätze dort zu errichten, wo biologisch wirksame Erdstrahlung vorhanden war.

Diese Erdkräfte wurden früher zur gezielten Stimmungsbeeinflussung der Anwesenden positiv genutzt oder mißbraucht. Die Kultstätten waren mit Wasseradern, Gesteinsverwerfungen oder Gesteinsbrüchen belastet.

Vordergründig wird also nach Kultstätten gesucht. Diese Suche betreibt man überwiegend mit Wünschelrute und Pendel. Die sogenannten Ley-Linien (nach ihrem Entdecker Ley benannt) verbinden verschiedene Kultstätten nach bestimmten Sonnenwendepunkten. Dies bedeutet, daß die Ley-Linien selbst keine Art von Erdstrahlen sind, sondern Verbindungslinien zwischen bestrahlten Kultplätzen.

Ley-Linien sind keine Form von Erdstrahlung, sondern Verbindungslinien zwischen Kultplätzen.

Gesundheitliche Gefahren für den Menschen

Sie gehen jeden Abend zeitig zu Bett,
dennoch wachen Sie morgens ständig müde und mit
Kopfschmerzen auf. Sie gehen jeden Tag gerne
zur Arbeit, haben nette Kolleginnen und Kollegen,
zeigen eine hohe Leistungsbereitschaft,
dennoch werden Sie schnell unkonzentriert und
retten sich mit Mühe durch den Tag.
Sie freuen sich trotzdem auf den Feierabend mit
der ganzen Familie. Zu Hause sind Sie
jedoch abgeschlagen, gereizt und kaum ansprechbar.
Sie erzählen Freunden und Bekannten
von Ihren Problemen und sind völlig erstaunt,
daß es denen ähnlich ergeht.

Abbildung linke Seite:
Erholsamen Schlaf können Sie genießen, wenn Sie
Ihr Bett in eine erdstrahlenfreie Zone stellen.

Sicherlich beeinträchtigen Einflüsse wie Umweltbelastungen, falsche Ernährung, UV-Strahlung, Streß oder Ängste und Sorgen Ihr Wohlbefinden sehr stark. Dennoch beruht beinahe die Hälfte der Ursachen, die Ihnen Vitalität, Lebensfreude und Leistungsfähigkeit rauben, auf Erdstrahlung (siehe Grafik Seite 41). Menschen, die in strahlenfreien Zonen schlafen und leben, erkranken nicht ernsthaft. Selbst schwere Belastungen schaden weniger, wenn der Schlafplatz störungsfrei ist.

Das Bett eines Ehepaares ist im Kopfbereich mit einer querlaufenden Wasserader belastet. Die Frau leidet unter Migräne.

Welchen Einfluß nehmen Erdstrahlen auf unsere Gesundheit?

Würden Sie wegen Verspannungen, die Sie während der Nachtruhe erleiden, am nächsten Morgen nicht zur Arbeit, sondern zu Ihrem Hausarzt gehen und sich krank melden? In unserer Leistungsgesellschaft, in der Anforderungen und Druck ständig steigen, bleibt keine Zeit, die Signale unseres Körpers zu beachten und ernstzunehmen. Häufig beklagen wir Schmerzen, unternehmen aber nichts, um sie wieder loszuwerden.

Sollten Sie dennoch bei Ihrem Arzt Rat und Hilfe suchen, kann es sein, daß Ihre Schmerzen trotz einer längeren Behandlung nicht nachlassen. Sie dürfen sich nicht wundern, daß Verspannungen, Rückenschmerzen, Schlafstörungen und ähnliche Symptome zu chronischen und ernsthaften Erkrankungen führen können – wenn Sie ständig in einer erdstrahlenbelasteten Zone leben.

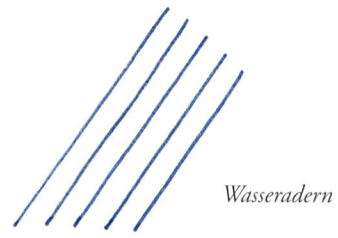

Wasseradern

Einflüsse auf die Gesundheit

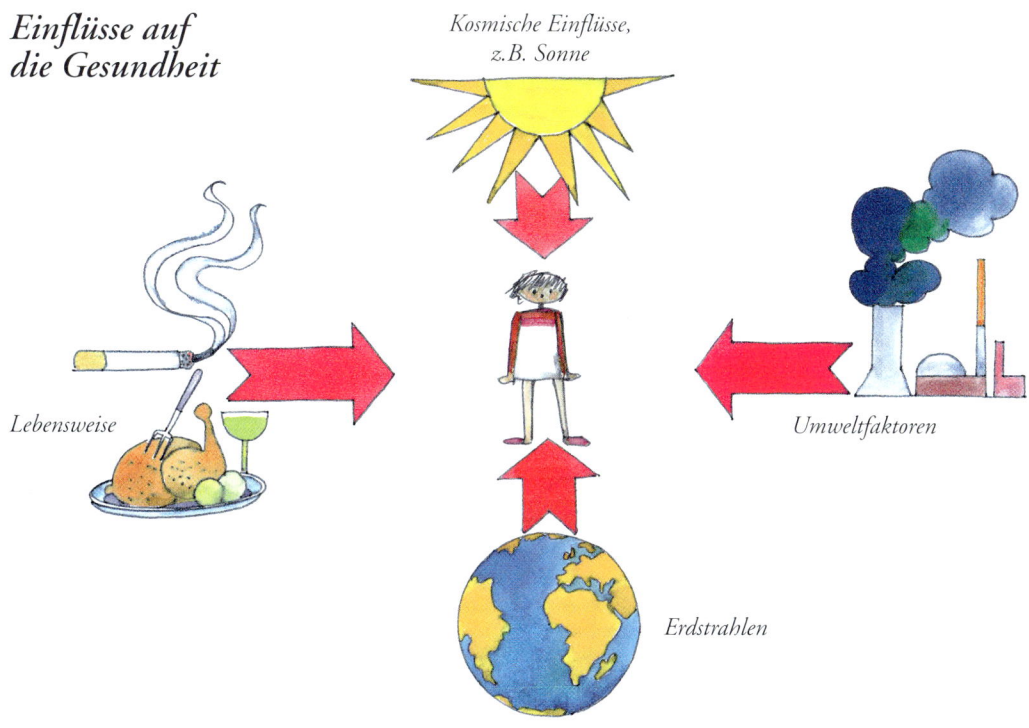

Kosmische Einflüsse, z.B. Sonne

Lebensweise

Umweltfaktoren

Erdstrahlen

Beinahe die Hälfte der Ursachen, die unsere Gesundheit beeinträchtigen, beruhen auf Erdstrahlen.

Die meisten leichteren Erkrankungen und schwere Krankheiten wie Depressionen, Rheuma- oder Krebsleiden können durch starke Störzonen – vermehrt im Bettbereich, im Sitzbereich Ihres Wohnzimmers oder an einem nicht abgeschirmten Arbeitsplatz – ausgelöst werden.

Die in unserem unmittelbaren Lebensbereich am häufigsten vorkommende Art von Erdstrahlen ist die Wasserader. Wasseradern können kreuz und quer unter Ihrem Haus und Garten oder Ihrer Wohnung verlaufen. Sie können sich mehrfach kreuzen, weil sie in verschiedenen Tiefen vorkommen. Die Bereiche, an denen sie sich am häufigsten kreuzen, weisen die stärkste Belastung auf.

Steht Ihr Bett in einer solchen Kreuzungszone, erleiden Sie sehr wahrscheinlich nach einigen Jahren starke Verspannungen, die zu chronischen Kopfschmerzen führen können.

Wasseradern sind in Europa die häufigste Art von Erdstrahlen.

41

Fallbeispiel

Kreuzungs-
punkte von
Gitternetzen be-
lasten fast jedes
zweite Bett.

Eine ältere Dame litt schon jahrelang an fast täglichen Migräneanfällen. Ihr Mann ist begeisterter Imker. Durch das Lesen von Fachliteratur wußte er, daß Bienen Strahlensucher sind. Er war also mit dem Thema Erdstrahlung etwas vertraut. Er hatte den Verdacht, daß auch die Migräne seiner Frau mit Erdstrahlung zu tun haben könnte. Deshalb ließ die Familie ihr Haus überprüfen.

Die Untersuchung ergab eine Belastung von 1.500 RE, hervorgerufen durch eine Wasserader, die in Kopfhöhe quer über das Ehebett verlief, so daß Kopf und Brust der Eheleute davon belastet waren. Der Mann spürte zu dem Zeitpunkt, als seine Frau bereits Migräne hatte, noch keine Probleme.

In diesem Fall war es möglich, das Bett etwa 80 cm von der Wand wegzurücken, was die Eheleute auch sogleich in Angriff nahmen. Die Frau hatte daraufhin höchstens noch ein bis zwei Migräneanfälle im Monat, ohne daß sie täglich weiterhin Medikamente zu sich nehmen mußte (siehe Grafik Seite 40.

Die Kreuzungspunkte von Global- und Currygitternetz belasten fast jedes zweite Bett. Da die Netzgitter verschiedene Größen haben, sind die Gitternetzpunkte unterschiedlich verteilt.

Nehmen wir an, Ihr Schlafzimmer hat eine Größe von 16 Quadratmetern. Im günstigsten Fall befindet sich in diesem Raum nur ein einziger Gitternetzpunkt, im ungünstigsten Fall findet der Rutengänger sieben Gitternetzpunkte.

Gitternetzpunkte können innerhalb kurzer Zeit Schlafstörungen, Konzentrationsschwäche, nervöse Herzbeschwerden, Krämpfe oder Gliederschmerzen auslösen.

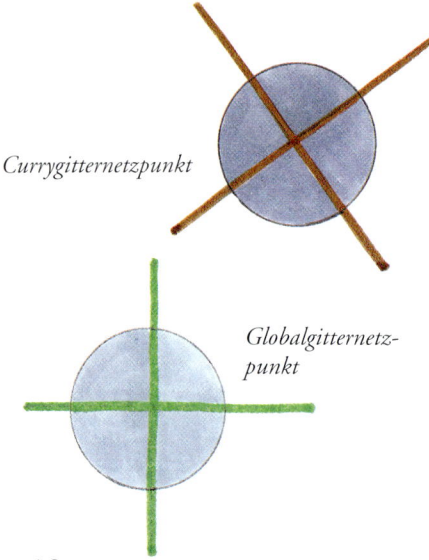

Currygitternetzpunkt

Globalgitternetz-
punkt

Fallbeispiel

Seit 15 Jahren stand das Bett einer Frau an derselben Stelle. Sie ging immer gerne zu Bett und fühlte sich auch morgens erholt und ausgeruht. Ihr Schlafverhalten war gut. Seit etwa 5 Jahren klagte sie jedoch über Wadenkrämpfe. Nachdem ihr kein Arzt gegen die Schmerzen helfen konnte, bat sie um eine Überprüfung Ihrer Wohnung.

Die Untersuchung ergab, daß ein Gesteinsbruch am Fußende quer über das Bett verlief, so daß die Unterschenkel bis knapp über die Knie davon betroffen waren. Im Bereich der Unterschenkel, etwa in der Mitte des Bettes, konnte zusätzlich ein Kreuzungspunkt des Globalgitternetzes gefunden werden.

Nach Erhalt dieses Ergebnisses war klar, warum die Frau unter Wadenkrämpfen litt: Git-

ternetzpunkte, die im Bereich der Beine liegen, führen in Verbindung mit einer Wasserader oder einem Gesteinsbruch sehr oft zu Wadenkrämpfen.

Die Familie verstellte das Bett sofort in eine störungsfreie Zone. Die Frau leidet seitdem nicht mehr unter Wadenkrämpfen.

Gesteinsbruch

Gesteinsbrüche finden sich häufig in Regionen, deren Böden viel Felsgestein aufweisen. Sie können kreuz und quer im Boden verlaufen. Wenn Sie Risse im Mauerwerk von Gebäuden finden, kann dieses Haus durch einen Gesteinsbruch belastet sein. Unwohlsein, Schlafstörungen, Verspannungen, nervöse Herzbeschwerden deuten darauf hin.

Fallbeispiel

Vater und Mutter einer Familie waren kerngesund, der Junge litt an spastischer Lähmung. Das Bett der Eltern war belastungsfrei. Durch das Bett des Kindes verlief der Länge nach ein extrem starker Gesteinsbruch. Das Bett wurde in eine störungsfreie Zone in der entgegengesetzten Ecke des Zimmers gestellt. Kurz danach begannen die Lähmungen abzuklingen.

Die Gesteinsverwerfung ist die seltenste Art von Erdstrahlung. Wir finden sie meist in felsigen Gebieten. Als einzige Art der Störzonen ist sie in ihrer Ausdehnung begrenzt.

Eine einzelne Gesteinsverwerfung kann sowohl einen Teil Ihrer Wohnung als auch die gesamte Straße, in der Sie leben, belasten. Gesteinsverwerfungen wirken sich hauptsächlich auf die Psyche aus. Sie können recht schnell unter Depressionen oder aggressivem Verhalten leiden.

Die Gesteinsverwerfung ist die seltenste Art von Erdstrahlung.

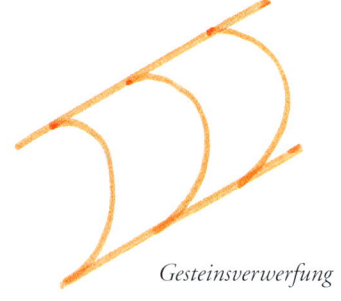

Gesteinsverwerfung

Fallbeispiel

Eine Familie bezog vor 3 Jahren das neue Eigenheim. Das Ehepaar hatte das heute 18 Jahre alte Haus gekauft und seinen Vorstellungen entsprechend eingerichtet. Bei Bezug des Hauses galten die jungen Leute als »mustergültiges Ehepaar«. Sie lasen sich gegenseitig die Wünsche von den Augen ab.
Bereits nach 3 Jahren befand sich das Paar in einer großen Krise und stand kurz vor der Scheidung. Auf Initiative der Frau hin sollte das Haus auf Erdstrahlenbelastung untersucht werden. Es konnten Wasseradern fest-

gestellt werden, die sich kreuz und quer unter
dem ganzen Haus befanden. Das Schlafzimmer wurde etwa zu zwei Dritteln von einer
starken Gesteinsverwerfung belastet. Sie verlief schräg durch das Bett der Eheleute. Der
Bereich, in dem das Ehebett stand, war darüber hinaus mit einer Wasseraderkreuzung
belastet. Im Brustbereich der Frau befand sich
zusätzlich ein Currygitternetzpunkt.
Wäre es zur Scheidung des Ehepaares gekommen, dann wäre es bereits die vierte Scheidung in diesem Haus gewesen.
Es war hier möglich, die Betten umzustellen
und die restliche Erdstrahlung um den Bettbereich umzulenken, so daß das Ehepaar wie-

Bett mit Wasseraderkreuzung, Gesteins-
verwerfung und Globalgitternetzpunkt im
Brustbereich der Frau.

der einen ungestörten Schlafplatz hatte.
Nachdem sich die beiden noch ein Vierteljahr
Versuchszeit für Ihre Ehe eingeräumt hatten,
bestand die Möglichkeit, sich im störzonen-
freien Bettbereich soweit zu regenerieren, daß
sich ihre Depressionen und Aggressionen verlieren konnten.
Nach 9 Monaten waren die beiden wieder
unzertrennlich ineinander verliebt und ein
glückliches Paar (siehe Grafik links).

Der Einfluß der Erdstrahlung auf
Ihre Gesundheit macht sich nicht
immer kurzfristig durch die beschriebenen Symptome bemerkbar.
Vielmehr sind langfristig schlimme
Krankheiten und zwischenmensch-
liche Probleme nicht völlig auszuschließen, wenn Sie Ihr Bett
an einem stark belasteten Platz
belassen.

Leichte gesundheitliche Beschwerden durch Erdstrahlen

Wenn die Disharmonie in unserer
Psyche und unserem Organismus
zu stark wird, reicht die kleinste Belastung aus, eine Krankheit hervor-
zurufen.
Ein leiser Luftzug, der normalerweise völlig harmlos ist, ruft in diesem
Fall eine Halsstarre hervor, ein »einziger« Bazillus führt sofort zu einer
Grippeinfektion.

Wie Sie wissen, kommt eine Krankheit nicht über Nacht, auch nicht, wenn sie durch Erdstrahlung ausgelöst wird.

Viele Symptome wie Kopfschmerzen, Schlafstörungen oder Konzentrationsstörungen sind oftmals psychisch bedingt und klingen in der Regel rasch wieder ab.

Halten sich die Beschwerden allerdings hartnäckig über einen längeren Zeitraum, können Sie sicher sein, daß Ihr Wohlbefinden durch Erdstrahlung gestört wird. Wenn Sie diese Beschwerden auf die leichte Schulter nehmen und sich weiterhin der Belastung aussetzen, können beispielsweise Schlafstörungen chronisch werden und das Nervensystem schädigen.

Obwohl viele Menschen solche Symptome nicht verspüren, sind sie dennoch durch Erdstrahlung belastet und werden auch irgendwann die Auswirkungen verspüren.

Erdstrahlen führen zu Funktions- und Werteänderungen im Organismus. Sie wissen, daß dauerhaft hoher Blutdruck zu Nieren- und Herzerkrankung führen kann. Wenn sich der PH-Wert im Blut verändert, ist die ideale Voraussetzung für viele Parasiten geschaffen, sich im Körper zu vermehren. Denken Sie an die Schimmelpilzbildung

---

Typische leichte Beschwerden durch Erdstrahlenbelastung

Die folgenden Beschwerden treten durch jede Art von Erdstrahlung auf. Sie sind ein sicheres Zeichen für Erdstrahlenbelastung, wenn sie über einen längeren Zeitraum vorhanden sind und Einflüsse wie Unfälle, Sorgen, Ängste oder Kummer ausgeschlossen werden können.

Ist dies der Fall, verschwinden sie innerhalb kurzer Zeit, wenn das Bett, die Sitzgarnitur oder der Arbeitsplatz in einer störungsfreien Zone eingerichtet werden.

- *Abgeschlagenheit*
- *Alpträume*
- *Asthmaanfälle*
- *Atembeschwerden*
- *Benommenheit am Morgen*
- *Depressionen*
- *Frieren im Bett*
- *Herzrhythmusstörungen*
- *Konzentrationsstörungen*
- *Kopfschmerzen*
- *Leistungsabfall*
- *Magen-Darm-Störungen*
- *Migräne*
- *Müdigkeit*
- *Nachtschweiß*
- *Nervosität*
- *Rückenschmerzen*
- *Schlafstörungen*
- *starke Verspannungen*
- *Zerstreutheit*

---

bei einer falsch gelagerten Einmachmarmelade.

Wissen Sie, daß sich auch Viren bei entsprechendem Umfeld besser vermehren? Sie sehen, daß geopathogene Zonen die besten Voraussetzungen schaffen, um unsere Gesundheit zu untergraben.

Sollten Sie keine Symptome spüren, wenn Sie sich in Ihrem Schlafzimmer, Ihrem Wohnzimmer oder an Ihrem Arbeitsplatz aufhalten, ist es trotzdem wichtig, diese Räume auf eine mögliche Erdstrahlenbelastung untersuchen zu lassen. Sie wissen ja: Vorsicht ist der wirksamste Schutz.

Viren vermehren sich in belasteten Zonen besser.

Warum kann ich auf der Wohnzimmer-couch hervorragend schlafen, im Bett jedoch nicht?

Schlafstörungen werden sehr häufig durch Erdstrahlenbelastung hervorgerufen. Meistens fallen Ihnen geringe Schlafstörungen nicht gleich auf.
Obwohl eine Wohnzimmercouch ein wesentlich schlechterer Schlafplatz ist als eine gute Matratze in Ihrem Bett, finden Sie in der unbequemeren Lage auf der Couch deshalb mehr Erholung und Entspannung, weil dieser Bereich in Ihrem Wohnzimmer sehr wahrscheinlich belastungsfrei ist.
Diese Tatsache ist leider kein Einzelfall, sondern kommt häufig vor.

Erdstrahlen führen zu Veränderungen im Organismus.

Wenn Sie allerdings bereits längere Zeit unter scheinbar leichten Krankheiten leiden, sollten Sie in jedem Fall den Platz, an dem sie am häufigsten auftreten, sofort von einem geschulten Rutengänger untersuchen lassen. Ihre Gesundheit sollte es Ihnen wert sein.

Was geht in unserem Körper vor?

Was geschieht, wenn der Mensch durch Störzonen in Mitleidenschaft gezogen ist? Wenn man durch Erdstrahlung krank wird, müssen sich verschiedene Vorgänge in unserem Körper ändern.
Was geschieht also, wenn es Ihnen zu heiß wird? Sie fangen an zu schwitzen. Wenn Sie frieren? Sie fangen an zu zittern. Wenn Sie sich überanstrengen? Ihr Herz und Puls schlagen schneller, Ihr Blutdruck steigt.

Genauso wie Hitze, Kälte und Überanstrengung sich auf Ihren Organismus auswirken, beeinflussen auch Erdstrahlen Ihre Körperfunktionen. Je nach Ihrer körperlichen Verfassung und je nach Stärke der Erdstrahlung ändern sich schon innerhalb von 5 Minuten verschiedene Körperfunktionen wie Herzschlag, Pulsschlag oder Drüsentätigkeiten und Zeitempfinden. Diese Veränderungen sind normalerweise so minimal, daß Sie sie nicht bewußt wahrnehmen.

Wenn Sie nur vorübergehend Störzonen ausgesetzt sind, normalisieren sich die Körperfunktionen wieder. Wenn Sie sich also für kurze Zeit, maximal für eine Stunde, an einem belasteten Platz aufhalten, ist das kein Problem für Sie. Ihr Organismus kann sich danach in einer freien Zone wieder regenerieren und erholen.

Sind Sie aber über Stunden stark belastet, an Ihrem Lieblingssitzplatz zu Hause, an Ihrem Arbeitsplatz oder besonders in Ihrem Bett, dann fehlt Ihrem Körper die notwendige Regeneration und Erholung. Ernsthafte

Beschwerden wie Schwächung der Immunabwehr oder Veränderung des biologischen Rhythmus treten auf und führen langfristig zu schweren Erkrankungen wie unkontrollierte Zellteilung (Krebs) oder Nervenleiden (Multiple Sklerose).

Fallbeispiel

Ein Ehepaar war lange Jahre kinderlos. Die Frau hatte die Hoffnung auf ein Kind schon lange aufgegeben. Aber siehe da, nach dem Umzug in ein anderes Haus war plötzlich der ersehnte Nachwuchs unterwegs.

Eine Bettplatzüberprüfung ergab ein völlig unbelastetes Ehebett im neuen Haus, während in der früheren Wohnung der Bettbereich, insbesondere die Seite, auf der die Frau schlief, im Unterleibsbereich zusätzlich zu einer Wasseraderkreuzung noch mit einem Globalgitternetzpunkt belastet war.

Welche schweren Krankheiten können verursacht werden?

Sie wissen jetzt, daß durch Erdstrahlung Ihr Abwehrsystem geschwächt wird, wodurch jede Krankheit ausgelöst werden kann – auch schwere Krankheiten wie Krebs.

Die meisten schweren Erkrankungen haben, ohne daß wir es zunächst vermuten, in irgendeiner Form mit Erdstrahlung zu tun (siehe Grafik Seite 49).

Erdstrahlen schwächen unser Abwehrsystem.

(siehe Grafik Seite 49).

Fachwissen

Einfluß der Erdstrahlen auf unsere Körperfunktionen

Durch die starken Erdmagnetfeldveränderungen, wie wir sie insbesondere bei den Kreuzungspunkten der Gitternetze vorfinden, und durch die Einflüsse einer erhöhten natürlichen Radioaktivität über Wasseradern, Gesteinsbrüchen und Gesteinsverwerfungen unterliegt unser Organismus einer bedeutend stärkeren Beeinflussung, als wir dies von Elektrosmog her kennen. Wir können davon ausgehen, daß die Auswirkungen ähnlich sind, sich bei Erdstrahlung aber schneller und ausgeprägter zeigen. Erdstrahlung kann

- *die Aktivität von Nervenzellen*
- *die Ausschüttung und Wirksamkeit von Hormonen*
- *den biologischen Rhythmus*

- *den Calcium-Ionen-Transport an Zellmembranen*
- *den elektrischen Widerstand der Haut*
- *die Embrionalentwicklung*
- *die Funktion verschiedener Regelmechanismen im Organismus*
- *die Immunabwehr*
- *die Informationsübermittlung durch die Nervenzellen*
- *die Lernfähigkeit*
- *den PH-Wert von Körperflüssigkeiten*
- *die Zelldifferenzierung und Zellteilung verändern.*

Diese Erkenntnisse werden durch laufende Beobachtung und empirische Forschung ständig bestätigt.

Können Erdstrahlen unseren Hormonhaushalt verändern?

Das Hormon Melatonin ist am Stoffwechsel weiterer Hormone beteiligt. Es wird in der Zirbeldrüse im Hinterkopf hergestellt. Die Produktion findet hauptsächlich während der Nacht im Tiefschlaf statt.

Wenn nun durch Erdstrahleneinfluß Schlafstörungen auftreten, wachen wir während der Nacht öfter auf und erreichen seltener die für unsere Erholung so wichtige Tiefschlafphase. Dadurch wird weniger Melatonin produziert.

Die Folge sind Stoffwechselstörungen, die bei längerem Anhalten zu Krankheiten führen.

»Kein Krebs ohne Erdstrahlung«

Krankheiten können durch das Umstellen von einzelnen Möbeln gelindert werden.

Diese provozierende Aussage aus dem Jahr 1929 stammt von Freiherr von Pohl. Damals gab es nur natürliche Radioaktivität über Gesteinsbrüchen, Gesteinsverwerfungen und Wasseradern.

Verschiedene Wissenschaftler (siehe Seite 56ff.) untersuchten Tausende von »Krebsbetten« und parallel dazu Betten von gesunden Menschen.

Die Ergebnisse bewiesen, daß nur solche Personen an Krebs erkrank-

Fallbeispiel

Das Bett eines Mannes war mit einer Wasseraderkreuzung und zentral mit einem Currygitternetzpunkt belastet. Der Mann erkrankte an Hodenkrebs, nach dem er zehn Jahre in diesem Bett geschlafen hatte.

ten, die über starken Störzonen schliefen. Die Untersuchungen zeigen deshalb ganz klar, daß Erdstrahlung die schlimmsten Krankheiten auslösen kann.

Wesentlich wichtiger ist es allerdings zu wissen, daß diese Krankheiten zumindest gelindert werden können, wenn eine Umstellung von Möbeln oder eine Abschirmung der erdstrahlenbelasteten Zone erfolgt. Lassen Sie deshalb bei scheinbar noch so hoffnungslosen Krankheitsverläufen Ihre Wohnung auf Störzonen untersuchen. Die Vorschläge und Maßnahmen des Rutengängers werden immer einen Erfolg zeigen.

Fallbeispiel

Ein Mann litt an Kochenmarkkrebs. Die Untersuchung seines Schlafzimmers ergab zwei starke Wasseradern, die im Bettbereich quer über den Körper verliefen, einen Gesteinsbruch, der der Länge nach über den Körper verlief, sowie einen Globalgitternetzpunkt an der rechten Bettkante im Hüftbereich und einen Currygitternetzpunkt an der linken Bettkante in Höhe des Halsbereichs.

Etwa 6 Jahre lag der Mann bereits in diesem Bett. Diese Belastungsdauer reichte aus, um die schlimme Krankheit auszulösen. Der Mann unterzog sich seit einiger Zeit einer Chemotherapie.

Das Bett wurde im Anschluß an die Untersuchung in eine freie Zone gestellt. Bereits nach 3 Monaten konnte der Mann wieder schmerzfrei Arme und Beine bewegen.

Fachwissen

Schwere Krankheiten durch Einfluß von Erdstrahlung

Die folgende Liste gibt einen Überblick über schwere, zum Teil chronische Krankheiten, die durch Erdstrahlung ausgelöst werden können:

- Arthrose
- Asthma
- Augen- und Ohrenleiden
- Basedow-Krankheit
- Bettnässen
- Darmerkrankungen
- Entzündungen
- Epilepsie
- Fehlgeburt
- Frühgeburt
- Gallenleiden

- Gehirnhautentzündung
- Geisteskrankheiten
- Gelenkschmerzen
- Gicht
- Herzbeschwerden
- Ischias
- Krebs (jeglicher Art)
- Kropf
- Lähmungen
- Lungenerkrankung
- Magenleiden

- Multiple Sklerose
- Neurasthenie
- Neurosen
- Nierenleiden
- Rheuma
- Schlaganfall
- Thrombosen
- Trigeminusneuralgie
- Unfruchtbarkeit
- Vegetative Dystonie
- Zuckerkrankheit

Halten Sie sich langfristig in belasteten Zonen auf, können schwere Krankheiten auftreten.

Schwere der Erkrankung im statistischen Mittel über den Zeitraum von 10 Jahren

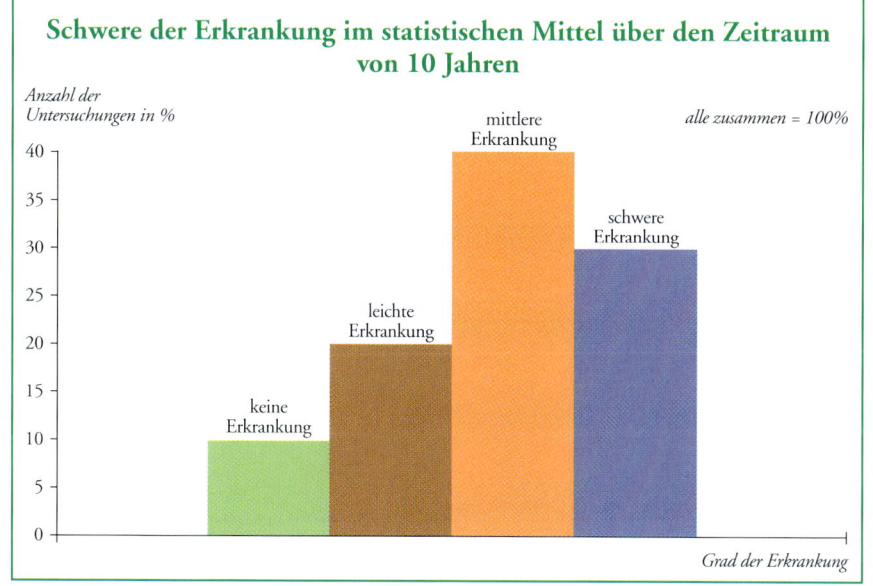

Bei 70% der Untersuchungen wurden mittlere und schwere Krankheiten festgestellt.

49

Warum ist die Lage des Bettes entscheidend?

Wir verbringen die meiste Zeit in unserem Bett. Deshalb muß dieser Bereich strahlenfrei sein.

Sie wollen nicht nur gut und tief schlafen. Sie gehen mit der selbstverständlichen Erwartung zu Bett, am Morgen erholt, ausgeschlafen, vital und leistungsfähig zu sein. Und Sie wissen genau, um diese Erwartungen zu erfüllen, sind bestimmte Voraussetzungen erforderlich: Der Schlaf muß tief, ungestört und entsprechend lang (sieben bis acht Stunden) sein.

Aus diesem Grund ist die Lage des Bettes so entscheidend. Sie ist im Vergleich zum Standort Ihres Arbeitsplatzes oder Ihrer Wohnzimmer-Sitzgarnitur für Ihre Gesundheit am wichtigsten, denn über Nacht ist die Erdstrahlung stärker als tagsüber.

Über Nacht tankt Ihr Körper die Energie, die Sie tagsüber wieder verbrauchen.

Wie soll aber Ihr Körper bestmöglich Energie aufnehmen können, wenn er durch Erdstrahlung zum ungünstigsten Zeitpunkt in einen Streßzustand, in einen Zustand hohen Energieverbrauchs, versetzt wird?

Wenn der Energieverbrauch während der Nacht zu groß ist, wachen Sie morgens völlig abgeschlagen auf und fühlen sich wie gerädert. Wenn Ihr Nervensystem eine Schwachstelle hat, leiden Sie unter Schlafstörun-

---

Fachwissen

Typisches Fehlverhalten bei Erdstrahlenbelastung im Bett

- *Abneigung gegen »das Schlafengehen«*
- *Appetitlosigkeit, vielleicht sogar Erbrechen am Morgen*
- *Ausweichen im Bett, sich kurz vor dem Herausfallen befinden, weil man direkt an der Kante liegt*
- *Bettnässen, obwohl das Babyalter längst überschritten ist*
- *Frieren am ganzen Körper trotz ausreichend warmer Bettdecke*
- *Müdigkeit und Abgeschlagenheit am Morgen, die oft auch den ganzen Tag hindurch anhalten*
- *Nächtliche Flucht aus dem Bett wegen Nervosität und längerem Wachbleiben*
- *Nachtschweiß, obwohl man nicht zu warm zugedeckt ist*
- *Unbehagen, Depressionen, benommener Kopf, Handlungsträgheit nach dem Erwachen*
- *Unruhiger Schlaf, der nächtliche Kampf mit der Bettdecke*
- *Wadenkrämpfe, Herzflattern im Bett*

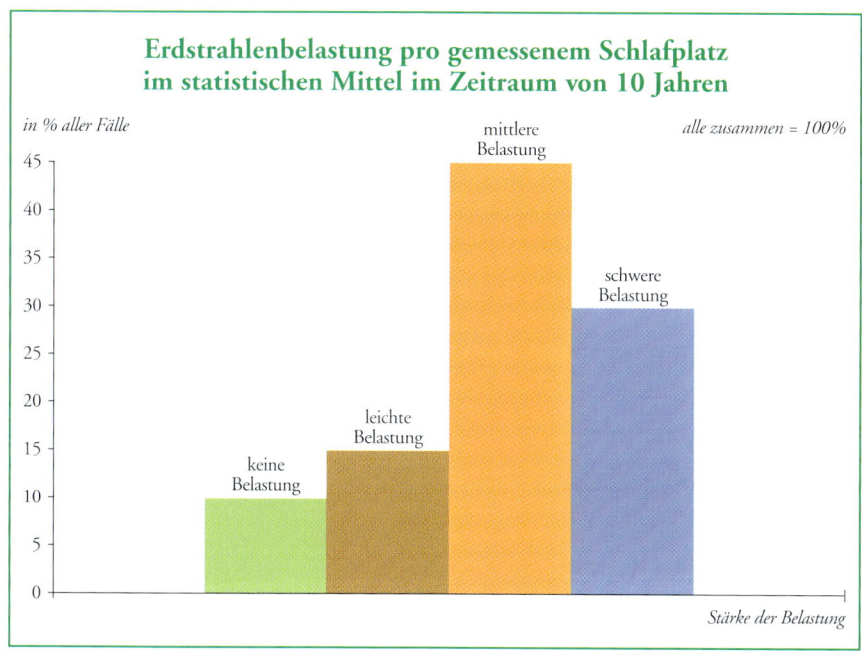

**Erdstrahlenbelastung pro gemessenem Schlafplatz
im statistischen Mittel im Zeitraum von 10 Jahren**

in % aller Fälle   *alle zusammen = 100%*

Stärke der Belastung

30% aller gemessenen Schlafplätze sind sehr stark belastet.

gen. Wenn die Anspannungen durch Erdstrahlen zu stark sind, leiden Sie unter Kopfschmerzen oder Migräne.

Selbst wenn Sie nicht durch diese Symptome belastet sind, ist es wahrscheinlich, daß mit der Zeit schlimmere Krankheiten wie Epilepsie, Hautkrankheiten, Rheumatismus oder Krebs jeglicher Art ausgelöst werden, weil Sie zu viel Zeit an einem belasteten Ort zugebracht haben.

Unser Schlafplatz ist unser häufigster und intimster Aufenthaltsort.

An ihm verbringen wir etwa ein Drittel unseres Lebens. An dieser Stelle finden wir die notwendige Erholung und Ruhe nach einem schweren Tag.

Deshalb muß unser Schlafplatz bestens beschaffen sein. Er darf unsere Gesundheit auf keinen Fall gefährden.

Seien Sie jedoch unbesorgt, wenn Ihr Schlafplatz mit Erdstrahlung belastet ist.

Ein guter Rutengänger berät Sie ausführlich und kann Ihnen jederzeit und effektiv helfen!

Ein guter Rutengänger berät Sie ausführlich und hilft effektiv.

51

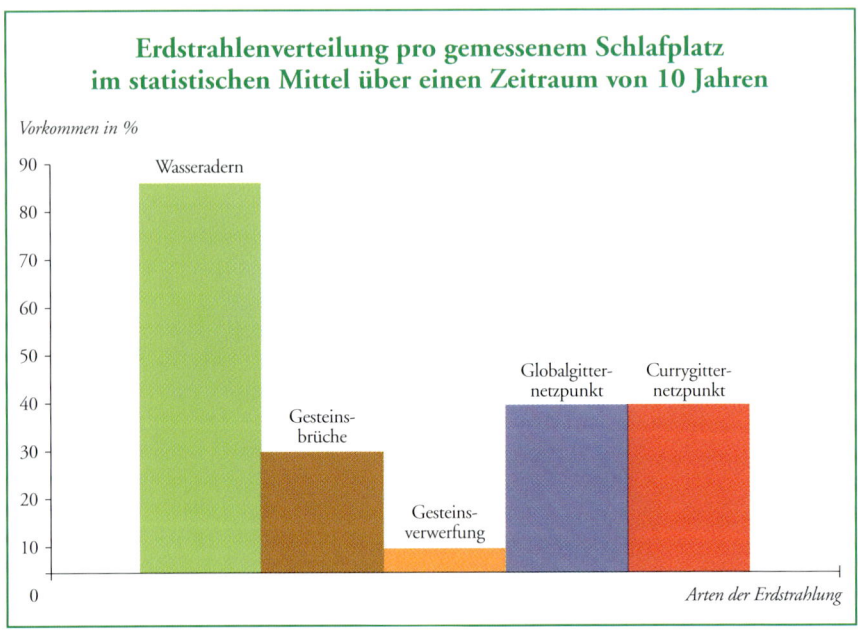

Erdstrahlenverteilung pro gemessenem Schlafplatz im statistischen Mittel über einen Zeitraum von 10 Jahren

Vorkommen in %

Wasseradern

Gesteinsbrüche

Gesteinsverwerfung

Globalgitternetzpunkt

Currygitternetzpunkt

Arten der Erdstrahlung

Wasseradern sind in unseren Breitengraden die häufigste Belastung, die im Bettbereich auftritt.

Fallbeispiel

Erdstrahlung kann Bettnässen auslösen.

Eine Familie hatte ein 6 Jahre altes Kind, das nachts immer noch ins Bett näßte. Tagsüber zeigte der Sohn keinerlei Symptome. Die Familie war völlig ratlos. Besuche bei Arzt und Psychotherapeut hatten keinerlei Verbesserungen gebracht.

Über Bekannte erfuhren die Eltern von Erdstrahlung, und daß sie die Ursache der Probleme des Kindes sein könnte. Daraufhin ließen die Eltern die Wohnung untersuchen. Der Junge lag in einem Gesteinsbruch. Etwa in Bauchhöhe des Kindes befand sich ein Globalgitternetzpunkt an der einen Bettkante, ihm gegenüber an der anderen Bettkante ein Kreuzungspunkt des Currygitternetzes.

Das Bett wurde um 2 Meter verstellt. Seitdem näßt der Junge nicht mehr.

Fallbeispiel

Es gibt viele Häuser, in denen außerordentlich viele Krebsfälle auftreten. Dies ist immer bei übereinanderliegenden Schlafzimmern und zumindest teilweise starker Belastung der Grundfläche des Hauses der Fall. So geschehen in einem älteren mehrstöckigen Haus. Die Familie, die den Rutengänger holte, wohnte im dritten Stockwerk. Der Mann war an Magenkrebs erkrankt. Das Ehebett war durch eine große Wasseraderkreuzung belastet. Im Bett des Mannes fand sich in der Bauchgegend ein Globalgitternetzpunkt. Die Belastungen in diesem Bereich betrugen über 5.000 RE. Nach der Untersuchung stellte sich heraus, daß in allen fünf Stockwerken in den letzten Jahren schwere Erkrankungen und ein Todesfall vorgekommen waren.

52

Im Erdgeschoß hatte ein Anwalt seine Praxis eingerichtet. Sein Arbeits- bzw. Sitzplatz, an dem er sich den ganzen Nachmittag bis spät abends aufhielt, stand genau an der Stelle, an der sich der Globalgitternetzpunkt im Bettbereich des krebskranken Mannes im dritten Stockwerk befand. Der Anwalt erlitt zwei Herzinfarkte. Der zweite verlief tödlich.

Im Stockwerk darüber schlief eine junge Frau in einem Bett, das durch den Globalgitternetzpunkt stark belastet war. Sie litt an Blutzucker, Fettstoffwechselstörungen und zwei Magengeschwüren.

An der gleichen Stelle im zweiten Stockwerk befand sich der Schlafplatz eines älteren Mannes. Er litt an Prostatakrebs und Herzrhythmusstörungen.

Im vierten Stockwerk lebte eine Frau, die an Dickdarmkrebs litt. Sie schlief ebenfalls genau über dem besagten Globalgitternetzpunkt.

Natürlich waren auch die Ehepartner der an Krebs erkrankten Personen durch die Wasseraderkreuzung sehr stark belastet. Sie beklagten nach einiger Zeit alle gesundheitliche Beschwerden und Krankheiten. Die Krebsfälle waren jedoch schon nach wenigen Jahren an der Bettstelle mit der stärkeren Erdstrahlenbelastung aufgetreten.

Die Familie im dritten Stockwerk ließ ihr Bett gegen Erdstrahlung abschirmen. Die Krebstherapie des Mannes nahm daraufhin einen bedeutend günstigeren Verlauf.

Warum ist ein abgeschirmter Arbeitsplatz wichtig?

Sie haben einen erdstrahlenfreien Schlafplatz. Sie erwachen am Morgen gutgelaunt und voller Freude.

Die Stärke der Erdstrahlung im 24-Stunden-Rhythmus

Die Stärke der Erdstrahlenbelastung ist nicht gleichmäßig über Tag und Nacht verteilt. In der Nacht ist sie stärker als am Tag.

Die Zeit der größten Belastung liegt ca. zwischen 22 Uhr abends und 6 Uhr morgens. In der restlichen Tageszeit ist sie gleichbleibend schwächer.

Zusätzlich wirkt sich die Erdstrahlenbelastung in der Nacht stärker auf unser Wohlbefinden aus, weil wir im Durchschnitt acht Stunden an der gleichen Stelle liegen.

Sie gehen mit Schwung und Elan zu Ihrem Arbeitsplatz. Doch nach 2 Stunden Arbeit sind Sie müde, lustlos und abgespannt.

Wenn die Möglichkeit vorhanden ist, versuchen Sie unbewußt, Ihre Arbeit an einen anderen Ort zu verlegen.

Wenn Sie diese Gelegenheit nicht haben, retten Sie sich mühevoll über die Zeit. Ihre Arbeit will Ihnen einfach nicht von der Hand gehen.

Viele Arbeitsplätze sind so beschaffen, daß sich der Beschäftigte wenig und nur für kurze Zeit entfernen kann. Sie sind also für viele Stunden der Belastung ausgesetzt, wenn sich der Arbeitsplatz in einer Störzone befindet. Berufsstreß und die

Erdstrahlenfreie Arbeitsplätze garantieren Wohlbefinden und fördern die Leistung.

Belastung durch Erdstrahlen summieren sich.

Vielmals kommt noch die Belastung durch Elektrosmog hinzu. Unterschätzen Sie deshalb die schädigende Wirkung am Arbeitsplatz nicht!

Bekommen Sie nach kurzer Arbeitszeit Kopfschmerzen und starke Verspannungen, die auch teilweise mit Beklemmung einhergehen? Diese Symptome deuten immer auf starke Störzonen hin. Sie führen nicht selten zu Unfällen, Schlaganfällen und Herzinfarkt.

Deshalb ist es sehr wichtig, daß der Arbeitsplatz belastungsfrei ist. Da

Arbeitgeber lassen immer häufiger ihre Arbeitsplätze gegen Strahlung abschirmen.

sich belastete Arbeitsplätze oft nicht so ohne weiteres verstellen lassen, müssen Sie abgeschirmt werden. Ihre Gesundheit dankt es Ihnen. Beauftragen Sie einen guten geprüften Rutengänger mit der Untersuchung – auch wenn Arbeitskollegen, Freunde und Bekannte Sie belächeln. Hören Sie auf Ihr Gefühl und Ihr besseres Wissen.

Verantwortungs- und kostenbewußte Arbeitgeber lassen immer häufiger ihre Arbeitsplätze und die ihrer Beschäftigten untersuchen. Sie wissen, daß durch Vermeiden der Erdstrahlen ihre Beschäftigten nicht nur gesund bleiben, sondern leistungsfähiger sind. Gehen Sie deshalb sicher, daß Ihr Arbeitsplatz erdstrahlenfrei ist.

Fachwissen

Typisches Fehlverhalten bei Erdstrahlenbelastung an Sitzplatz und Arbeitsplatz

- *Konzentrationsstörungen nach wenigen Arbeitsstunden*

- *Leichte Reizbarkeit und Konflikte mit Kollegen*

- *Nach einiger Zeit treten ein: Abgeschlagenheit, benommener Kopf, depressive Simmung, Gefühl der Kälte, Herzflattern, Lustlosigkeit, Müdigkeit, Unbehagen, Wadenkrämpfe, Ziehen im Nacken*

- *Schnelles Eintreten von Unruhe und Nervosität*

- *Unbewußte Abneigung gegen den Sitz- oder Arbeitsplatz*

Fallbeispiel

Eine Untersuchung mehrerer Büroräume einer mittelständischen Firma ergab folgendes: In einem Konferenzraum stand ein großer Tisch, an dem 14 Personen Platz fanden, zur Hälfte über einer Wasserader. Unter einem Stuhl der betroffenen Hälfte befand sich ein Currygitternetzpunkt. Unter einem der Stühle, die nicht durch die Wasserader belastet waren, lag ein Globalgitternetzpunkt.

Nachdem der Auftraggeber der Untersuchung das Ergebnis erfuhr, berichtete er von Ermüdungserscheinungen und Konzentrationsstörungen, die sich immer dann einstellten, wenn er über den Netzgitterpunkten saß.

Deshalb mied er diese beiden Plätze seit einiger Zeit. Er beobachtete aber bei anderen Mitarbeitern, die dort Platz nahmen, genau die gleichen Phänomene.

Dies ist kein Einzelfall einer Bürountersuchung. Zunehmend mehr Kleinbetriebe lassen die Arbeitsplätze der Mitarbeiter untersuchen, weil sich eine Behebung der Störzonen in einer besseren Leistung der Mitarbeiter bemerkbar macht.

Warum muß der Sitzplatz strahlenfrei sein?

Lassen Sie jetzt noch zu, daß Ihr schönster Platz zu Hause belastet ist, nachdem Sie schon so viel über die schädliche Auswirkung von Erdstrahlen wissen? Natürlich nicht. Ebenso wie der Arbeitsplatz, an dem Sie vielleicht stundenlang sitzen, ist Ihr Platz in der Küche oder im Wohnzimmer ein Ort, an dem Sie täglich viel Zeit verbringen.

Auch wenn es im Falle des Wohnzimmers vorwiegend nur die Abendstunden sind, also etwa 3 bis 4 Stunden, ist ein strahlenfreier Bereich absolut notwendig. Sie können nämlich genau in den Augenblicken, in denen sie glauben, sich von Ihrem Arbeitsstreß zu erholen, größten Gefahren für Ihre Gesundheit ausgesetzt sein.

Steht Ihr Sofa, auf dem Sie scheinbar entspannt einen schönen Film ansehen oder einer mitreißenden Musik lauschen, über einer Wasserader, ist das Vergnügen äußerst zweifelhaft.

Kommt zu dieser Wasserader noch ein Kreuzungspunkt von Gitternetzen hinzu, erleiden Sie wahrscheinlich eine ernsthafte Krankheit, wenn Sie über Jahre hinweg jeden Tag auf Ihrem Lieblingsstück sitzen.

Beauftragen Sie deshalb einen geprüften Rutengänger, der Ihnen den optimalen Standort für das Sofa sucht. Ein strahlenfreier Sitzplatz garantiert Ihnen und Ihrer Familie Wohlbefinden und harmonisches Zusammenleben und damit Ruhe und Erholung für alle.

Den besten Platz für Ihren Bürostuhl kann nur ein geprüfter Rutengänger finden.

Fallbeispiel

Eine Frau strickte gerne Pullis und Pullover. Doch seit einigen Monaten hatte Sie zusehends das Interesse an ihrem Hobby verloren. Immer wenn Sie sich zum Stricken auf ihren Platz an das helle Fenster oder neben die Stehlampe setzte, bekam Sie nach kurzer Zeit starke Kopfschmerzen.

Ein konsultierter Augenarzt konnte jedoch keine Überanstrengung der Augen feststellen. Eine Erdstrahlenuntersuchung an beiden Plätzen ergab starke Störzonen.

Seitdem der Sessel der Dame in einer erdstrahlenfreie Zone steht, spürt Sie keinerlei Beschwerden mehr.

Erdstrahlen als Krankheitsursache – Wichtige Stationen der Forschung

Name: Kaiser Kuang Yu
Zeit: Um 2.200 v. Chr., China.
Beobachtung: Orte, die den Menschen schaden.
Ergebnis: kaiserliche Verordnung: Es darf kein Haus gebaut werden, bevor nicht das Grundstück von Erdwahrsagern (Wünschelrutengängern) nach schädlichen Erddämonen (Erdstrahlen) untersucht wurde.

Name: Johann Wolfgang von Goethe
Zeit: Um 1800
Forschungsarbeit: Umgang mit Rute und Pendel
Ergebnis: »Das genaueste Meßinstrument ist der Mensch«. Vermutungen besagen, daß Goethe um die Schädlichkeit der Erdstrahlung wußte.

Name: Winzer und Melzer
Zeit: Anfang der zwanziger Jahre des 20. Jahrhunderts
Forschungsarbeit: Einflüsse der Erdstrahlung auf die Gesundheit des Menschen.
Sie teilen die Stadt Stuttgart nach verschiedenen Krebserkrankungsarten ein und suchen nach Zusammenhängen zwischen dem Vorhandensein von Krebsvorkommen und den geologischen Gesteinsformationen.
Ergebnis: Es konnte kein Zusammenhang festgestellt werden. Untersuchungen nach Zusammenhängen zwischen den vorhandenen Krebserkrankungen und starker Erdstrahlenbelastung waren erfolgreich. Winzer und Melzer stellten die These auf, Erdstrahlung sei eine wesentliche Ursache für Krebserkrankungen, die von der Schulmedizin bisher unberücksichtigt geblieben sei.

Name: Freiherr von Pohl
Zeit: Januar 1929
Forschungsarbeit: Untersuchte in Vilsbiburg in Niederbayern die Zusammenhänge von Wasseradern und Gesteinsbrüchen mit Krebserkrankungen. Die Untersuchung fand mit der Genehmigung und unter der Aufsicht des Bürgermeisters J. Brandl statt. Von Pohl waren die Menschen in der Stadt unbekannt. Er kannte Ihre Krankheiten nicht.
Die Untersuchung der Erdstrahlung erfolgte innerhalb von 7 Tagen mit der Wünschelrute. Während dieser Zeit wurde er von einer Amtsperson begleitet, die darauf achtete, daß von Pohl keine Krankheiten bei den Einwohnern erfragen konnte.
Von Pohl trug den Verlauf der gefundenen Belastungen in einen Stadtplan ein. Gleichzeitig wurden von Bezirksarzt Dr. med. Bernhuber mit Hilfe der Leichenschauscheine die Todesfälle durch Krebserkrankungen von 1918 bis 1928 ermittelt und in einen anderen Stadtplan eingetragen. Von Pohl kannte diesen Stadtplan nicht. Nach der Feststellung der starken Störzonen wurden beide Stadtpläne miteinander verglichen.
Ergebnis: Die Fälle der Krebserkrankungen lagen alle in den Zonen mit starker Erdstrahlenbelastung.
Der Bezirksarzt Dr. Bernhuber erstellte im Anschluß an die Untersuchung für die Zeit vom 1. Januar 1929 bis 30. Juni 1930 eine Liste der Todesfälle durch Krebserkrankungen in der Stadt Vilsbiburg.
Die Liste enthielt 11 Todesfälle, wobei ein Todesfall außerhalb des untersuchten Gebiets lag. Die restlichen 10 Todesfälle durch Krebserkrankung lagen alle in den starken

Erdstrahlen als Krankheitsursache – Wichtige Stationen der Forschung

Belastungszonen, die von Pohl bezeichnet hatte.

Ein Zusammenhang zwischen Erdstrahlung und Krebserkrankung wurde eindeutig nachgewiesen.

Name: Dr. Blos
Zeit: Anfang der dreißiger Jahre des 20. Jahrhunderts
Forschungsarbeit: Blos ließ alle Betten seiner Krebspatienten auf Erdstrahlung untersuchen.
Ergebnis: Alle krebskranken Patienten schliefen über starker Erdstrahlenbelastung.

Name: Dr. Birkelbach
Zeit: Anfang der dreißiger Jahre des 20. Jahrhunderts
Forschungsarbeit: Birkelbach untersuchte die Betten seiner Krebspatienten und diejenigen seines Kollegen Dr. Seitz auf starke Störzonen.
Ergebnis: Alle Betten standen in starker Erdstrahlenbelastung.

Name: Dr. Hager
Zeit: Mitte der dreißiger Jahre des 20. Jahrhunderts
Forschungsarbeit: Dr. med. Hager, Vorsitzender des wissenschaftlichen Vereins der Ärzte der Stadt Stettin, hatte von der Abhandlung des Freiherrn von Pohl über die Entstehung der Krebskrankheit erfahren. Um die Aussagen von Pohls nachzuprüfen, ließ er sich vom Statistischen Amt in Stettin eine Liste sämtlicher Krebsfälle von 1910 bis August 1931 zusammenstellen. Folgende Zahlen ergaben sich:

1.575 Grundst./ 1 Krebsfall	=	1.575
750 Grundst./ 2 Krebsfälle	=	1.500
337 Grundst./ 3 Krebsfälle	=	1.011
167 Grundst./ 4 Krebsfälle	=	668
51 Grundst./ 5 Krebsfälle	=	255
15 Grundst./ 6 Krebsfälle	=	90
6 Grundst./ 7 Krebsfälle	=	42
1 Grundst./ 8 Krebsfälle	=	8
1 Grundst./ 9 Krebsfälle	=	9
5 Grundst./10 Krebsfälle u.m.	=	190

Krebsfälle insgesamt: = 5.348

Ergebnis: Interessant an dieser Tabelle ist die Tatsache, daß man Grundstücke mit 5 und mehr, ja sogar einige Grundstücke mit mehr als 10 Krebsfällen findet (in einem Zeitraum von 21 Jahren).

Sanitätsrat Dr. med. Hager hat in gemeinsamer Arbeit mit einem Stettiner Rutengängerkollegen alle Häuser, in denen Krebsfälle vorhanden waren, im Laufe von Jahren auf Wasseradern, Gesteinsbrüche und Gesteinsverwerfungen untersucht.

In allen Häusern, in denen Krebsfälle auftraten, wurde starke Erdstrahlenbelastung gefunden.

Unter allen Häusern, in denen mehr als 5 Krebsfälle vorkamen, kreuzten sich mehrere sehr starke Wasseradern. Besonders ins Auge fallend war der Vergleich der drei Stettiner Stiftshäuser. In allen drei Stiftshäusern lebten alte Menschen in stark krebsgefährdetem Alter. Der Vergleich ergab folgendes:

Erdstrahlen als Krankheitsursache – Wichtige Stationen der Forschung

- Das erste Stift befand sich auf einer Wasseraderkreuzung und war sehr stark belastet. In diesem Haus kam es in 21 Jahren zu 28 Krebstodesfällen.
- Im zweiten Stift waren nur zwei schmale Streifen bestrahlt. Bei beiden Krebstodesfällen stand ihr Bett auf genau diesen Streifen.
- Das dritte Stift war frei von starken Wasseraderkreuzungen und Gesteinsbrüchen. In diesem Haus kam es in den 21 Jahren zu keinem einzigen Krebsfall.

Name: Dr. Sauerbruch
Zeit: Dreißiger und vierziger Jahre des 20. Jahrhunderts
Forschungsarbeit: Beweisführung, daß Patienten mit schweren Krankheiten starker Erdstrahlenbelastung ausgesetzt waren.
Ergebnis: Er riet allen Patienten, die bei ihm in der Klinik waren, daß sie sich zu Hause in ein anderes Bett legen oder ihren Bettplatz verstellen sollten. (Er gab diesen Rat in der Hoffnung, daß die Patienten durch Bettumstellen einen besseren Bettplatz bekommen würden. Sauerbruch hat nie öffentlich über Erdstrahlen gesprochen, weil er sein Ansehen als Mediziner nicht verlieren wollte.)

Name: Dr. v. Brehmer
Zeit: Dreißiger Jahre des 20. Jahrhunderts
Forschungsarbeit: Medizinische Untersuchungen über die Auswirkung von Erdstrahlung auf den Organismus des Menschen.
Ergebnis: Das Wissen über die schädlichen Auswirkungen der Erdstrahlung darf nicht abgelehnt werden.

Name: Dr. Rambeau
Zeit: 1934
Forschungsarbeit: Untersuchung des Einflusses von Erdstrahlung auf den Menschen mit meßtechnischen Geräten.
Ergebnis: Die überprüften Betten von Krebspatienten lagen alle über starken Wasseradern und Gesteinsbrüchen. Die Betten, die frei von Erdstrahlenbelastung waren, wiesen einen besonders guten Gesundheitszustand der Benutzer auf.

Name: Ing. Cody, Frankreich, unterstützt durch Louis le Prince-Ringuet, Direktor des Louis-de-Broglie-Laboratoriums
Zeit: 1939
Forschungsarbeit: Cody untersuchte in der französischen Hafenstadt Le Havre 7000 »Krebsbetten« mit Elster/Geitel-Elektrometern, um die Konzentration der Luftionen zu messen. (Die elektrische Leitfähigkeit der Luft wird normalerweise durch ihren Ionisierungsgrad bestimmt. Je höher die Konzentration, desto höher ist die elektrische Leitfähigkeit der Luft und damit die ionisierende Strahlung.)
Ergebnis: Über allen Betten von Menschen, die an Krebs erkrankt waren, konnte eine erhöhte ionisierende Strahlung gemessen werden, die senkrecht aus dem Boden nach oben stieg.

Name: Dr. Hartmann
Zeit: In den fünfziger Jahren des 20. Jahrhunderts
Forschungsarbeit: Hartmann untersuchte labortechnisch den Einfluß von Erdstrahlung auf den Menschen.

Erdstrahlen als Krankheitsursache – Wichtige Stationen der Forschung

Ergebnis: Er stellte fest, daß die Blutsenkungsgeschwindigkeit vom gleichen Blut, das zur gleichen Zeit in erdstrahlenfreien Zonen abgenommen wurde, größer ist als in belasteten Zonen.

Name: Dr. Curry
Zeit: In den sechziger Jahren des 20. Jahrhunderts
Forschungsarbeit: Curry untersuchte Erdstrahlen als Krankheitsursache
Ergebnis: Er entdeckte das Currygitternetz. Er stellte fest, daß die Kreuzungspunkte des Gitters ebenso schädlich sind wie Wasseradern.

Name: Dr. Aschoff
Zeit: Sechziger bis achtziger Jahre des 20. Jahrhunders
Forschungsarbeit: Aschoff untersuchte die Auswirkungen auf biologisches Gewebe
Ergebnis: Er entwickelte den Bluttest auf geopathische Belastung.

Name: Professoren der Universität Wien, Ingenieure und Rutengänger mit Unterstützung des Wohnbau-Forschungs-Fonds des Österreichischen Bundesministeriums für wirtschaftliche Angelegenheiten
Zeit: 1988 bis 1989
Forschungsarbeit: Von verschiedenen Rutengängern wurden in mehreren Experimentalräumen unabhängig voneinander erdstrahlenfreie und mit Wasseradern und Gesteinsbrüchen belastete Zonen gemutet (mit der Wünschelrute untersucht) und markiert. Mit physikalischen Meßgeräten wurden die Ergebnisse überprüft.

Die elektrischen Felder wurden unbeachtet gelassen. Die magnetischen Felder wurden insbesondere im 50-Hz-Bereich untersucht. Sie wichen in den erdstrahlenbelasteten Zonen nicht wesentlich von denen in freien Zonen ab. Deshalb schenkte man Ihnen keine Beachtung.

An der Gesamtuntersuchung nahmen 985 Versuchspersonen in 6.943 Einzeluntersuchungen teil. Es wurde das regulatorische Verhalten von 23 Körperfunktionen in den freien und den belasteten Zonen nachgesehen.

Gemessen wurden bioelektrische Reaktionen der Haut, Herzfrequenz, Flimmerverschmelzungsfrequenz, Muskelwiedererwärmungszeit, Muskelspannung und Blutkörperchen-Senkungsgeschwindigkeit.

Ergebnis: Als Ergebnis wurden bei 12 von 23 Körperfunktionen starke bis sehr starke Veränderungen der Körperreaktionen festgestellt, bei 5 Personen tendenzielle und bei 6 Personen keinerlei Veränderungen.

Die Veränderungen der Körperreaktionen sind kurzfristig kein gesundheitliches Problem, wenn sich der Körper danach in einer erdstrahlenfreien Zone regenerieren kann.

Sofern sich der Organismus aber nicht von den Belastungen erholen kann, weil Sie an Ihrem Sitzplatz, Arbeitsplatz oder in Ihrem Bett, vielleicht sogar an allen drei Plätzen zusammen, sehr starken Störzonen ausgesetzt sind, werden die Veränderungen der Körperreaktionen auf Dauer zu schweren Krankheiten führen. Wenn zum Beispiel Bluthochdruck nicht behandelt wird und über lange Zeit anhält, kann er zu Nieren- und Herzerkrankungen führen.

Welchen Einfluß haben Erdstrahlen auf die Lebenserwartung des Menschen?

Der Einfluß von Erdstrahlung macht sich in Ihrem Leben vielfältig bemerkbar. Letztendlich wirkt er sich sogar auf Ihre Lebenserwartung aus. Ein Mensch, der an einer lebensbedrohlichen Krankheit leidet, muß nicht wegen der Erkrankung eine verkürzte Lebenszeit befürchten, sondern weil sein Immunsystem äußerst geschwächt ist.

Wenn Sie eine gute Vitalität besitzen, über ein hervorragendes Abwehrsystem verfügen, dann ist es völlig normal, daß Sie länger gesund bleiben, als wenn Ihre Vitalität und Ihr Abwehrsystem weniger robust wären. Ein entscheidender Grundstein dafür wird in der Kinder- und Jugendzeit gelegt. Hier schafft sich der Körper die Voraussetzung für ein bestens funktionierendes Immunsystem.

Jugendliche spüren Beschwerden häufig erst bei starker Strahlenbelastung.

Jugendliche schlafen oft in starker Erdstrahlenbelastung, teilweise sogar in sehr starkem Elektrosmog, behaupten aber, daß ihnen das nichts ausmache.

Es scheint tatsächlich so, als könne Erdstrahlung den Jugendlichen nichts anhaben. Aber der Schein trügt. Als Kleinkind, wenn das Abwehrsystem noch relativ schwach ist, werden durch Erdstrahlen schnell Krankheiten ausgelöst.

Das gleiche trifft auf ältere Menschen zu. Je älter wir werden, desto schwächer wird unser Abwehrsystem, der Körper reagiert schneller auf Krankheit. In diesen Fällen macht sich der Einfluß von Erdstrahlung rasch bemerkbar. Nicht aber bei Jugendlichen. Bis zum Alter von etwa zehn Jahren hat sich normalerweise ein gut funktionierendes Abwehrsystem entwickelt. Es wird bis zum 20. oder 25. Lebensjahr weiter aufgebaut. Der Organismus hat also in der Jugend jede Menge an Vitalstoffen wie Vitamine, Mineralien und Proteine zur freien Verfügung. Das ist weit mehr, als zum Aufrechterhalten der gesunden Lebensfunktionen gebraucht wird. Deshalb verspürt der Jugendliche meist keine Beschwerden, es sei denn, die Erdstrahlenbelastung ist extrem stark. Dann kann auch er schwer erkranken.

Haben Sie auch ein Kind, das durch Erdstrahlung belastet ist? Wenn ja, wird der Körper nicht so aufgebaut, wie es sein könnte, wäre die Erdstrahlenbelastung nicht vorhanden. Das heißt, die Spitze der Vitalität des belasteten jungen Menschen ist weit vor dem natürlichen

Höhepunkt erreicht (siehe Grafik unten). Können Sie sich vorstellen, was geschieht, wenn im weiteren Leben relativ geringe gesundheitliche Belastungen wie Lebensmittelchemie, falsche Ernährung oder Elektrosmog auf die betreffende Person zukommen? Der Körper reagiert dann recht schnell mit Krankheit. Ist der betreffende Mensch auf dem Höhepunkt seines Lebens zusätzlich einer Erdstrahlenbelastung ausgesetzt, muß er meistens medizinische Hilfe in Anspruch nehmen. Dennoch erreicht er nicht das Alter, das ohne Erdstrahlenbelastung möglich gewesen wäre. Außerdem mindert Krankheit Ihre Leistungsfähigkeit und Lebensqualität.

Haben Sie jedoch keine Angst: Ein geprüfter Rutengänger kann Ihnen und Ihrer Familie helfen, die für Ihre Gesundheit besten Plätze zu finden.

Erdstrahlung kann das Abwehrsystem und damit die Lebenserwartung des Menschen beeinflussen.

Minderung der Lebenserwartung: Die Immunkraft des Menschen ist bei der Geburt noch gering. Sie erreicht etwa mit dem 25. Lebensjahr ihr Maximum. Mit zunehmendem Alter wird sie reduziert. Durch den Einfluß von Erdstrahlung wird sie schneller aufgebraucht, was zu einem früheren Tod führt.

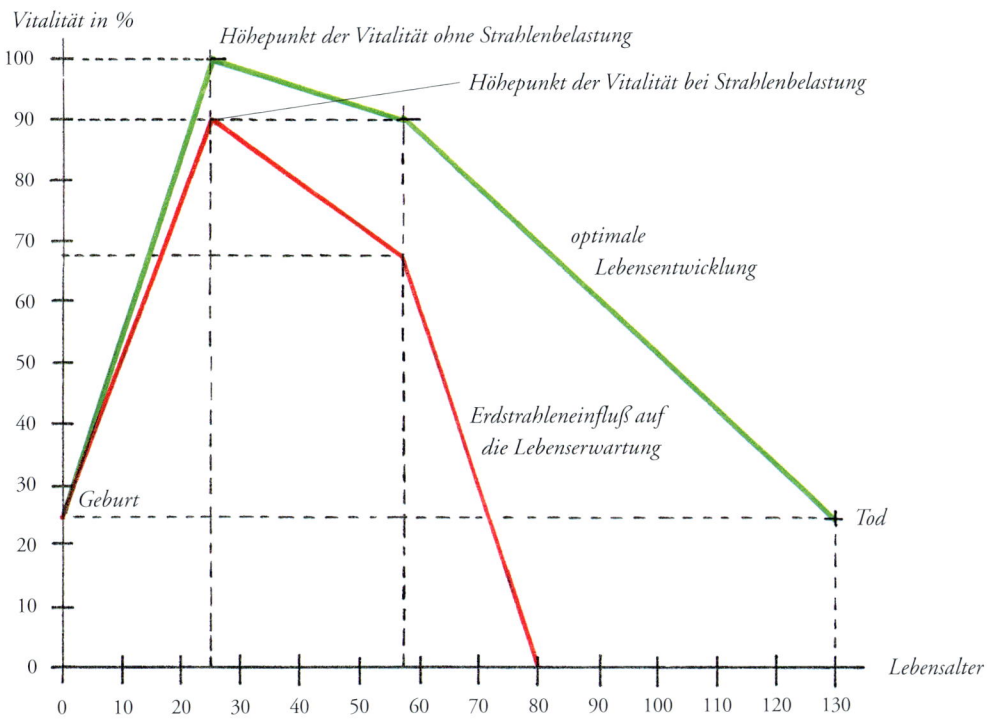

Vitalität in %

Höhepunkt der Vitalität ohne Strahlenbelastung

Höhepunkt der Vitalität bei Strahlenbelastung

optimale Lebensentwicklung

Erdstraheneinfluß auf die Lebenserwartung

Geburt

Tod

Lebensalter

Wie lange können wir Erdstrahlung gefahrlos ertragen?

Dies ist ganz verschieden und hängt von unterschiedlichen Faktoren ab. Wichtig ist die Stärke der Störzonen, die uns belasten. Unser Immunsystem spielt eine Rolle – je besser es ist, desto länger bleiben wir gesund. Und letztendlich spielt die Zeit, die wir der Belastung ausgesetzt sind, eine entscheidende Rolle.

Wenn uns starke Erdstrahlung lange genug belastet, dann ist das beste Abwehrsystem überfordert und wir werden krank. Bei einem vitalen und robusten Menschen dauert es länger, ein bereits kränkelnder Mensch bekommt die Auswirkungen schneller zu spüren.

Warum spüre ich an Tagen, an denen ich ausschlafen kann, beim Aufwachen Kopf- und Rückenschmerzen?

Durch die Einwirkung von Erdstrahlenbelastung verspannt unser Körper. Wenn Sie die Woche über nur 6 oder 7 Stunden schlafen, ist es möglich, daß die Stärke der nächtlichen Verspannungen unter der Grenze Ihrer Schmerzwahrnehmung liegt.

Wenn Sie jetzt am Wochenende länger schlafen, verspannt Ihr Körper in der zusätzlichen Zeit im Bett stärker, die Grenze Ihrer Schmerzwahrnehmung wird überschritten. Dadurch spüren Sie Rückenschmerzen oder Kopfschmerzen.

Ist nur der Schlafplatz wichtig?

Grundsätzlich ist es gut, wenn Sie möglichst wenig Erdstrahlenbelastung ausgesetzt sind. Am wichtigsten ist der Bettbereich. Einfach deshalb, weil Sie sich täglich ca. 8 Stunden und damit ein Drittel Ihres Lebens im Bett aufhalten. Während der Nacht ist Ihr Körper auf Energieaufnahme eingestellt.

Deshalb benötigen Sie ein Umfeld, in dem Ihr Organismus sich ungestört regenerieren kann. Die Erdstrahlenbelastung verstärkt sich jedoch über Nacht.

Tagsüber ist es anders. Der Körper ist auf Kraftabgabe eingestellt, die Erdstrahlenbelastung ist nicht so stark wie während der Nacht. Sie halten sich nicht 8 Stunden an derselben Stelle auf und sind in Bewegung. Sie sollten sich aber keinen belasteten Arbeitsplatz aussetzen, egal ob im Büro, in der Küche oder im Garten.

Wenn Sie beim Essen kurze Zeit belastet sitzen, dürfte das keine Folgen nach sich ziehen.

Welcher Zusammenhang besteht zwischen geopathogenen Zonen, Erdmagnetfeld und unserer Gesundheit?

Das Erdmagnetfeld spielt eine wichtige Rolle für Ihre Gesundheit.

Sie leben im Energiefeld der Erde und in einem energetischen Spannungsfeld zwischen Erde und Kosmos. In diesem Feld spielt das Erdmagnetfeld der Erde eine ganz besondere Rolle für Ihre Gesundheit. Wenn Materie durch ein Magnetfeld bewegt wird, entsteht elektrischer Strom. Elektrische Felder werden durch ein vorgegebenes Magnetfeld auf eine bestimmte Art und Weise beeinflußt (je nach Stärke und Frequenz der Felder). Daraus können wir schließen, daß durch den Blutfluß im Körper (Ihr Blut bewegt sich durch das Magnetfeld der Erde) minimalste elektrische Ströme entstehen und daß Ihr Organismus im Laufe seiner Entwicklung gelernt hat, diese Ströme sinnvoll einzusetzen.

Liegen Sie in Ihrem Bett auf einer Global- oder Currygitternetzkreuzung, also an einer Stelle, an der das Erdmagnetfeld sehr stark verändert ist, müssen zwangsläufig Veränderungen in der Körperenergie stattfinden, die gerade bei den Gitternetzpunkten gezielt wirken. Das heißt, daß im Wirkungsbereich der Gitternetzpunkte die Zellfunktion gestört wird und zum Erliegen kommt. Damit wird eine Krebserkrankung wahrscheinlich.

Können Sie sich noch an die erste Mondlandung erinnern? Sehen Sie noch vor sich, wie kraftlos und abgeschlagen die Astronauten nach der Landung auf der Erde aus der Raumkapsel stiegen? Sie waren gerade 3 Tage außerhalb des Einflusses unseres Erdmagnetfeldes unterwegs und litten schon unter großen Erschöpfungszuständen. Die Männer mußten beim Ausstieg aus der Kapsel gestützt und sofort medizinisch versorgt werden.

Das Beispiel der Mondlandung zeigt deutlich den Einfluß des Erdmagnetfeldes auf unsere Gesundheit. Wir Menschen haben uns im Laufe unserer Entwicklung an dieses Magnetfeld gewöhnt. Die Stellen, die insbesondere durch die Gitternetzpunkte verändert werden, sind für uns besonders gefährlich.

Fallbeispiel

Ein Junge litt seit einigen Monaten an Gehirnhautentzündung. Seine Eltern waren mit ihm zwischenzeitlich bei mehreren Ärzten, doch leider ohne Erfolg. Da die Eltern etwas über Erdstrahlen gehört hatten, ließen sie ihr Haus untersuchen. Tatsächlich war das Bett des Jungen sehr stark belastet. Eine Wasseraderkreuzung und ein Currygitternetzpunkt konnten im Kopfbereich gefunden werden. Das Bett wurde sofort auf die andere Seite des Zimmers in eine freie Zone umgestellt.
Bereits nach 14 Tagen begann die Gehirnhautentzündung unter weiterer ärztlicher Aufsicht abzuklingen.
Das Zusammenwirken von Wasseraderkreuzung und Gitternetzpunkten im Kopfbereich kann bei vielen Menschen zu Entzündungen im Schulter-, Hals- und Kopfbereich führen.

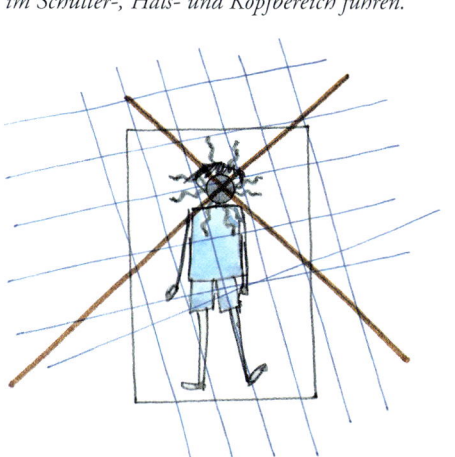

Die Gehirnhautentzündung eines Jungen wurde durch eine Wasseraderkreuzung und einen Currygitternetzpunkt ausgelöst.

Im Wirkungsbereich von Gitternetzpunkten wird die Zellfunktion gestört.

Auswirkungen auf Tiere und Pflanzen

Empfinden Sie beim Anblick einer weidenden Schafherde nicht das Gefühl von Naturverbundenheit und Harmonie? Gönnen Sie sich die wohltuende Ruhe in der Nähe dieser Tiere, denn Schafe meiden Erdstrahlen. Tiere verfügen noch über natürliche Instinkte, die ihnen helfen, Störzonen bewußt wahrzunehmen, einerseits um sich zu schützen, andererseits um mit Hilfe der Erdstrahlung ihr Wohlbefinden zu sichern. Gleiches gilt für Pflanzen. Wenn Ihre liebevoll gepflegten Geranien nur kümmerlich wachsen, können Erdstrahlen daran schuld sein. Dagegen suchen Yucca-Palmen förmlich Störzonen, um ihre ganze Pracht zu entwickeln.

Abbildung linke Seite:
Schafe fühlen sich auf der Weide wohl. Hier können sie sich strahlenfreie Plätze suchen.

Warum sind Tiere und Pflanzen Strahlensucher bzw. Strahlenflüchter?

Strahlensucher benötigen die Erdstrahlen, um leben zu können. Strahlenflüchter müssen sich vor den Belastungen schützen.

Die Natur ist für uns Menschen etwas Großartiges, Unbegreifliches und voller Wunder. Im Laufe der Jahrmillionen haben sich die unterschiedlichsten Lebensformen entwickelt. Jede dieser Lebensformen hat spezifische Nischen gefunden, um ihre Art zu erhalten.

Es gibt Tiere und Pflanzen, die wie wir Menschen Erdstrahlung nicht vertragen und sie deshalb meiden. Wir bezeichnen sie als Strahlenflüchter. Die Strahlenflüchter bevorzugen Lebensräume, deren normales Erdenergiefeld unter 700 Reizeinheiten (RE) Stärke liegt.

Andere Arten wiederum benötigen Erdstrahlung, um leben zu können. Sie sind Strahlensucher.

Die verschiedenen Arten von Strahlensuchern bevorzugen unterschiedlich starke Störzonen (siehe S. 67). Sie haben sich vor Urzeiten an Stellen entwickelt, die starken Veränderungen des Erdmagnetfeldes oder einer erhöhten Magmastrahlung ausgesetzt waren.

Der Organismus dieser Tiere und Pflanzen hat sich den Besonderheiten angepaßt und Kräfte entwickelt, um die Einflüsse auszugleichen.

Wie reagieren Haustiere und wildlebende Tiere auf Erdstrahlen?

Tiere sind noch viel stärker als Menschen durch Erdstrahlung gefährdet, weil sie eine geringere Lebenserwartung haben. Nicht alle Tierarten gehören wie wir Menschen zu den Strahlenflüchtern.

Es gibt einige Tierarten wie Ameisen oder Bienen, die die Erdstrahlenbelastung geradezu mögen. Sie brauchen sie für ihre Gesundheit und ihr Wohlbefinden.

Die Imker unter Ihnen werden schon beobachtet haben, daß Ihre Bienen mehr Honig erzeugen, wenn sich die Bienenstöcke über starken Wasseradern, Gesteinsbrüchen oder Gesteinsverwerfungen befinden. Wenn die fleißigen Tierchen in einem ihnen wohltuenden Umfeld untergebracht sind, bleiben sie gesünder und sind leistungsfähiger.

Frei auf der Wiese weidende Schweine werden sich immer in erdstrahlenfreien Zonen zum Ruhen niederlegen. Sie werden auch im Stall zum Schlafen Freizonen aufsuchen.

Schweine, die keine Möglichkeit haben, im Stall der Erdstrahlenbelastung zu entgehen, können sehr krank werden. Leiden wie Magen-Darm-Probleme, Rheuma oder Krebs sind keine Seltenheit. Weiterhin verlieren sie, wie alle anderen Strahlenflüchter, die während der Ruhe- und Schlafzeiten in Belastung ausharren müssen, innerhalb kurzer Zeit ihren Instinkt, Erdstrahlung bewußt wahrzunehmen.

Für wild lebende Tiere ist es eine Selbstverständlichkeit, die Zonen aufzusuchen, die ihnen gut tun. Sie verfügen noch über ihren natürlichen Instinkt, der sie die Plätze finden läßt, an denen sie sicher sind. Die Strahlenflüchter finden erdstrahlenfreie Plätze und die Strahlensucher finden belastete Zonen.

Die nebenstehende Tabelle gibt Ihnen einen kleinen Überblick über die strahlenflüchtenden und strahlensuchenden Tiere.

Fachwissen

Strahlenflüchter (alle unter 700 RE)

- Chinchillas
- Enten
- Füchse
- Gänse
- Hamster
- Hasen
- Hirsche
- Hunde
- Hühner
- Kanarienvögel
- Kühe
- Mäuse
- Meerschweinchen
- Pferde
- Rehe
- Schafe
- Schwalben
- Schweine
- Segelflosser (Fisch)
- Sittiche
- Störche
- Tauben
- Wildschweine
- Ziegen

Strahlensucher und die Stärke der bevorzugten Erdstrahlung

- Ameisen 1400 – 1600 RE
- Bienen 1200 – 2400 RE
- Katzen 1200 – 1800 RE
- Mücken 1200 – 2400 RE
- Schlangen 1500 – 2800 RE
- Wespen 1200 – 2400 RE

Schafe schlafen auf der Weide immer in erdstrahlenfreien Zonen. In diesen störungsfreien Zonen können sie bestens regenerieren, Kraft und Energie tanken.

Strahlenflüchter, die sich in Störzonen aufhalten müssen, verlieren ihren Instinkt, Erdstrahlen bewußt wahrzunehmen.

Auswirkung der Erdstrahlung auf Schafe

Schafe sind Strahlenflüchter. Sie besitzen auch heute noch ihren Instinkt, Erdstrahlung bewußt wahrzunehmen. Bereits die Etrusker ließen Schafe an den Stellen weiden, die später bebaut werden sollten. Wenn die Tiere sich an diesen Plätzen wohl fühlten, wurde gebaut.

Auswirkung der Erdstrahlung auf Störche

Störche sind Strahlenflüchter. Sie suchen sich ihre Nistplätze in erdstrahlenfreien Zonen. Besonders in Norddeutschland bringen Hausbesitzer Wagenräder auf ihren Dächern an, um die glückbringenden Tiere anzulocken.

Die Menschen wissen um den guten Einfluß, wenn ein Storchenpaar auf ihrem Dach nistet. Im Bereich des Nestes, also in einem Durchmesser von mindestens 2 Metern, finden Sie keine Belastung.

Auswirkung der Erdstrahlung auf Hunde

Hunde, die in stark belasteten Zwingern gehalten werden, neigen zu aggressivem Verhalten.

»Da, wo der Hund sich niederlegt, kannst du dich getrost auch hinlegen«. Das Sprichwort gilt nur noch bedingt. Früher ließ man vor dem Einzug Hunde durch die Zimmer laufen, denn Hunde suchen von Natur aus Freizonen. Vielen Hunden ist dies aber nicht mehr möglich, weil Sie gehorchen und sich überwiegend in Störzonen aufhalten müssen.

Zwingen Sie Ihren besten Freund nicht in sein Körbchen oder an eine andere Stelle, wenn er nicht dorthin möchte. Er spürt, daß diese Stelle mit Erdstrahlung belastet ist, und will sie meiden.

Freuen Sie sich, daß Ihr Liebling diese Belastung noch so gut wahrnehmen kann und lassen Sie ihn sich an der Stelle niederlegen, die er sich ausgesucht hat.

Hunde, die in ihren Ruhephasen starker Erdstrahlung ausgesetzt sind, werden sehr schnell krank. Rheuma oder Krebs sind keine Seltenheit.

Hunde, die in stark belasteten Zwingern gehalten werden, neigen zu aggressivem Verhalten.

Hunde sind Strahlenflüchter.

Fallbeispiel

Eine Hundehalterin hatte ihrem treuen Liebling ein hübsches Körbchen mit weichen warmen Decken im Wohnzimmer zurechtgemacht. Sie mußte ihrem treuen Freund jeden Abend befehlen, sein Lager aufzusuchen. Freiwillig legte sich der Hund nie an diesen Platz.

Am Morgen, als die Frau aus dem Schlafzimmer im oberen Stockwerk wieder nach unten kam, fand sie ihren süßen Langhaardackel nicht mehr in seinem wohligen Lager vor, sondern auf den harten, kalten Fliesen im Flur.

Dieses Spiel erstreckte sich schon über Monate. Jeden Morgen lag Napoleon im Flur.

Eine Überprüfung ergab einen erdstrahlenfreien Platz im Flur, wohingegen Napoleons Platz im Wohnzimmer mit einer Wasseraderkreuzung und einem Gitternetzpunkt belastet war.

Das Körbchen von Napoleon wurde deshalb an eine erdstrahlenfreie Stelle im Wohnzimmer umgestellt. Seitdem fühlt er sich pudelwohl.

Fragen aus der Praxis

Warum mag mein Hund nicht in seinem Körbchen liegen?

Ihr Hund hat als Strahlenflüchter seinen Instinkt, Erdstrahlung wahrzunehmen noch nicht verloren. Er legt sich lieber auf die harten kalten Fließen im Flur, weil dieser Platz frei von Erdstrahlung ist. Ihr Hund fühlt sich dort wohler als in seinem Körbchen.

Lassen Sie Ihrem Liebling seinen Willen, und stellen Sie ihm sein Körbchen an den Platz, den er im Flur immer aufsucht. Ihr Hund wird es Ihnen danken.

Auswirkung der Erdstrahlung auf Hühner

Hühner fühlen die Erdstrahlenbelastung sehr gut und auch sehr schnell. Sie setzen sich in den Schlafräumen auf den Teil der Stangen, die von einer Belastung frei sind.

Sind mehr Hühner im Stall als auf den erdstrahlenfreien Stangen Platz ist, sitzen die übrigen Hühner nicht etwa auf den belasteten Stangen, sondern suchen sich vielmehr einen erdstrahlenfreien Platz unter den erdstrahlenfreien Stangen.

Dies kann man daran erkennen, daß der Boden unter den besetzten Stangen, der auch von Hühnern belegt ist, sauber bleibt.

Ist der ganze Stall belastet, so daß die Hühner keine Ausweichmöglichkeit haben, reduziert sich die Legeleistung erheblich.

Im Freigelände legen Hühner ihre Eier immer an erdstrahlenfreie Plätze.

Freilaufende Hühner legen ihre Eier an erdstrahlenfreie Plätze.

Auswirkung der Erdstrahlung auf Katzen

Katzen sind für viele von uns die liebsten Haustiere. Doch ihre Lieblingsplätze müssen Sie dringend meiden. Denn Katzen sind Strahlensucher und ziehen sich gerne an Plätze zurück, die unter starker Erdstrahlenbelastung stehen.

Stellen Sie Ihr Bett im Schlafzimmer niemals an eine Stelle, an der Ihre hübsche Katze sich öfter aufhält. Wenn die Katze ständig in Ihrem Bett schläft, sollten Sie das Bett sofort an einen anderen Ort verschieben. An der gleichen Stelle über und unter diesem Zimmer ist ebenfalls eine starke Belastung – Sie wissen ja: Erdstrahlung geht senkrecht nach oben.

Wenn Ihre Katze in Ihrem Bett schläft, sollten Sie sofort das Bett verschieben oder abschirmen lassen.

Warum singt mein Wellensittich nicht mehr?

Wellensittiche sind wie die meisten Vögel Strahlenflüchter. Sie fühlen sich besonders an den Stellen wohl, die auch für uns Menschen zuträglich sind. Wenn der Käfig Ihres Wellensittichs in stark erdstrahlenbelasteten Zonen steht, kann er depressiv werden und sein Singen einstellen.

Wenn Ihr Wellensittich oder Kanarienvogel sich immer auf der einen Seite seines Käfigs aufhält, ist dies auch ein Anzeichen für starke Erdstrahlenbelastung. Sie können davon ausgehen, daß die Seite, die gemieden wird, sehr stark belastet ist. Die andere Seite kann strahlenfrei sein, sie ist aber auf jeden Fall weniger stark belastet.

Auswirkung der Erdstrahlung auf Schweine

Schweine reagieren auf Erdstrahlung noch sensibler als Menschen.

»Das hält ja kein Schwein aus.« Im wahrsten Sinne des Wortes reagieren Schweine auf Erdstrahlen noch weit sensibler als wir Menschen. Wenn der Schweinestall stark belastet ist, erkranken die Tiere oft innerhalb von einigen Monaten schwer oder gehen sogar ein.

Freilaufende Schweine wie auf dem Bild unten sieht man heute nur noch selten. Diese Tiere können sich glücklich schätzen, denn sie können sich noch erdstrahlenfreie Plätze suchen.

Fallbeispiel

Bei der Untersuchung eines Schweinestalls ging der Rutengänger von außen die vier Seiten des Stalles ab und fand mehrere Wasseradern, die unter dem Stall hindurchliefen. Nach dem Verlauf der Adern konnte er die Kreuzungspunkte im Stall bestimmen. Es waren 2 großflächige Kreuzungen (siehe Grafik). Der Züchter erklärte daraufhin, daß genau die Tiere, die in den von den Wasseraderkreuzungen betroffenen Pferchen untergebracht sind, nach kurzer Zeit an Magen-Darm-Problemen erkranken und teilweise eingehen, obwohl alle ständig das gleiche Futter erhalten.

Grundriß eines Schweinestalls. Der Schweinestall ist durch 2 großflächige Wasseraderkreuzungen belastet.

Schweine sind Strahlenflüchter.

70

Auswirkungen der Erdstrahlung auf Pferde

Pferde reagieren nicht so empfindlich wie Schweine, aber dennoch deutlich erkennbar.

Ist die Pferdebox durch Erdstrahlung sehr stark belastet, können Sie recht schnell ein glanzloses, struppiges Fell und ein Abmagern der Tiere beobachten. Ferner läßt ihre Leistungsfähigkeit nach.

Rheumatische Gelenkserkrankungen, Lähmungen, bösartige Blutarmut (Zerfall der roten und überwiegend der weißen Blutkörperchen) können in Erscheinung treten, wenn das Pferd längere Zeit in starker Belastung leben muß.

Pferde sind Strahlenflüchter.

Müssen Pferde längere Zeit in einer erdstrahlenbelasteten Box leben, können ernsthafte Krankheiten auftreten.

Fallbeispiel

Bei der Erdstrahlenuntersuchung seines Eigenheims bat der Hausherr zusätzlich den Ponystall zu untersuchen. Ihm war aufgefallen, daß sich das Pony immer nur an einer einzigen Stelle im Stall aufhielt.

Die Pferdebox war durch eine Wasseraderkreuzung belastet, das (gesunde) Pony hielt sich in der kleinen freien Zone auf.

Fallbeispiel

In der Lüneburger Heide bat ein Pferdezüchter seine Stallungen zu untersuchen. Ein Rennpferd litt an rheumatischer Entzündung im Bein, die kaum zu behandeln war, ein anderes brachte seit einiger Zeit keine Leistung mehr. Die Ausdauer ging stetig zurück. Bei der Untersuchung stellte sich heraus, daß beide Pferde sehr stark belastet standen. Das Pferd mit der Entzündung befand sich auf einer Wasseraderkreuzung, das andere in einer besonders starken Wasserader.

Nach dem Umstellen der Pferde konnte das Rheuma des Rennpferdes erfolgreich behandelt werden und das leistungsschwache Tier erholte sich innerhalb kurzer Zeit.

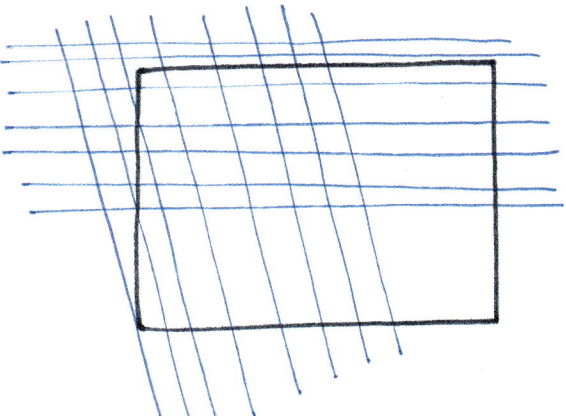

Ponybox, die durch eine Wasseraderkreuzung belastet ist.

71

Fragen aus der Praxis

Wir haben unsere Couch verstellt. Warum meidet unser Hund seitdem seinen ehemaligen Lieblingsplatz?

Freuen Sie sich über den Instinkt Ihres Hundes, denn er kann Erdstrahlung noch wahrnehmen. Wenn Ihr Hund nach dem Umstellen des Möbelstücks seinen ehemaligen Lieblingsplatz meidet, ist dies ein sicherer Hinweis, daß der jetzige Standort stark belastet ist.

So wie die Couch jetzt steht, ist sie als Aufenthaltsort auch für Sie nicht geeignet. Hören Sie auf die Zeichen Ihres Freundes: Stellen Sie die Couch wieder um.

Auswirkungen der Erdstrahlen auf Kühe

Wenn Kühe im Stall in einer belasteten Zone stehen müssen, geben sie weniger Milch.

Auch Kühe benötigen erdstrahlenfreie Zonen, um gesund zu bleiben. Beim Beobachten einer Herde auf der Weide können Sie sehen, wie die Tiere der Belastung ausweichen. Nach dem Fressen suchen sich die Tiere einen Liegeplatz, an dem sie ausruhen können.

Ein Teil der Tiere bleibt liegen, andere stehen nach kurzer Zeit wieder auf, um sich kurz darauf einige Meter weiter abermals niederzulassen. Einige erheben sich sogar mehrmals, um eine freie Stelle zu finden. Die Kühe testen förmlich die Plätze aus. Ihr Instinkt führt sie an einen erdstrahlenfreien Ort.

Im Gegensatz zu Weidekühen geben die Tiere, die für lange Zeit nur im Stall gehalten werden, weniger

Milch, sofern sie belastet stehen. Wenn die Stellen im Stall, an der die Kühe angebunden sind, extrem belastet sind, können Sie immer wieder beobachten, daß die Tiere oft und laut schreien. Auch können Sie ein stumpfes, struppiges Fell erkennen.

Wenn die Störzone in der einzelnen Box sehr stark ist, kommt es auch bei Rindern zu Lähmungen, Rheumatismus, Unfruchtbarkeit sowie Fehl- und Frühgeburten.

Auswirkungen der Erdstrahlen auf Ameisen

Können Sie sich vorstellen, daß Ameisen je einen solchen Prachtbau (siehe Bild), den sie durch viel Fleiß aufgebaut haben, verlassen würden?

Ameisen sind Strahlensucher.

Nur unter bestimmten Voraussetzungen, denn Ameisen sind Strahlensucher. Sie bauen meist auf Wasseraderkreuzungen. Die Wege zu ihrem Bau führen über belastete Zonen. Wenn Wasseradern ihren Lauf ändern, suchen sich die Ameisen einen anderen belasteten Platz, um dort neu zu bauen.

Ameisen wurden früher gelegentlich eingesetzt, um festzustellen, ob der vorgesehene Platz für einen Hausbau frei von Wasseradern, Gesteinsbrüchen oder Gesteinsverwerfungen war. Man schüttete einen Sack voller Ameisen und Erde an der vorbestimmten Stelle aus. Blieben die Ameisen, wurde das Haus nicht gebaut.

Auswirkungen der Erdstrahlung auf Rotwild

Rotwild zählt zu den Strahlenflüchtern. Unsere heimischen Rehe und Hirsche meiden Erdstrahlung. Für sie als frei lebende Tiere ist das kein Problem. Sie verfügen im Gegensatz zu vielen Stalltieren, die sich in bestrahlten Boxen oder Zwingern aufhalten müssen, noch vollständig über ihre ursprünglichen Instinkte, mit denen sie Erdstrahlung bestens wahrnehmen.

> ### Fragen aus der Praxis
>
> #### Warum sind meine Meerschweinchen nach dem Umzug unfruchtbar?
>
> *Meerschweinchen gehören zu der Gruppe der Strahlenflüchter. Wenn sie nach einem Ortswechsel unfruchtbar geworden sind, deutet dies immer auf eine sehr starke Erdstrahlenbelastung am neuen Standort hin.*
>
> *Testen Sie andere Aufenthaltsplätze oder beauftragen Sie gleich einen Rutengänger mit der Suche nach einem guten Platz. Die Fruchtbarkeit der Tiere wird sich am erdstrahlenfreien Platz sehr wahrscheinlich wieder einstellen.*

Unsere heimischen Rehe und Hirsche verfügen noch über Instinkte, um den Erdstrahlen ausweichen zu können.

Auswirkungen auf Pflanzen

»Eichen sollst du weichen, Buchen sollst du suchen und Linden sollst du finden«.

Diese alten Sprichwörter sagen uns, daß auf Pflanzen das gleiche zutrifft wie auf Tiere. Sie sind einerseits Strahlenflüchter, andererseits Strahlensucher.

Die Strahlenflüchter wachsen hervorragend in Zonen bis 700 Reizeinheiten (unbelastete Zonen), den Strahlensuchern ist eine stärkere Strahlung zuträglich (siehe S. 74).

In der falschen Zone angesiedelte Pflanzen erkranken nicht von heute auf morgen. Aber im Laufe der Zeit wird sich bei den Strahlenflüchtern die Belastung und bei den Strahlen-

73

Strahlensuchende Pflanzen geben uns genaue Hinweise auf die Erdstrahlenbelastung.

Strahlensucher

Ahorn	1200 – 2400 RE
Aralie	1000 – 2400 RE
Bohne	1000 – 2400 RE
Eiche	1500 – 3500 RE
Fichte	1400 – 3000 RE
Herbstzeitlose	1000 – 2800 RE
Holunder	1200 – 2800 RE
Kirsche	700 – 1100 RE
Lärche	1200 – 2400 RE
Lavendel	1200 – 3000 RE
Minze	1200 – 2600 RE
Mirabelle	700 – 1100 RE
Mistel	1200 – 2800 RE
Mohn	1200 – 2600 RE
Pfirsich	700 – 1100 RE
Pflaume	700 – 1100 RE
Pilze	1400 – 3000 RE
Roßkastanie	1500 – 3000 RE
Schilf	1500 – 3000 RE
Seerose	1200 – 2800 RE
Tanne	1400 – 3000 RE
Tollkirsche	1200 – 2500 RE
Tomaten	1000 – 2400 RE
Weide	1400 – 2800 RE
Yucca-Palme	1200 – 2600 RE
Zimmerlinde	1000 – 2400 RE

suchern die nicht vorhandene Belastung auswirken. Nur bei außerordentlich starker Belastung können sowohl die Strahlenflüchter als auch die Strahlensucher innerhalb kurzer Zeit erkranken.

Menschen und verschiedene Tiere flüchten vor Erdstrahlen. Genauso fühlen sich auch einige Pflanzen in einer Erdstrahlenzone nicht wohl.

Es gibt unter den Pflanzen mannigfaltige Hinweise auf Störzoneneinflüsse. Sie können sie bei Bäumen, insbesondere Apfel- oder Birnbäumen, an Schiefwuchs, Drillwuchs (der Stamm ist verdreht) oder auffallenden Wassertrieben, die kein Fruchtholz sind, erkennen.

Verkrüppelte oder im Wachstum zurückbleibende Bäume und Sträucher deuten auf Erdstrahlenbelastung hin.

Am ausgeprägtesten können Sie den schädlichen Einfluß von Störzonen anhand von Baumkrebs erkennen.

Krebserkrankung bei Bäumen

Durch den Einfluß der Belastung starker Wasseradern, Gesteinsbrüche und Gitternetzpunkte können selbst strahlensuchende Bäume an Krebs erkranken, wenn die Belastung zu groß ist.
Nach dem Botaniker Prof. Nultsch wird bei den Bäumen die Ladung der Zellen gestört. Die Zellen werden depolarisiert (die elektrische Spannung in der Zelle fällt zusammen) und entziehen sich der korrelativen Steuerung. Dadurch beginnen Zellen im Baum zu wuchern. Es entsteht eine Krebserkrankung, die sich oft in sogenannten Krebsknoten zeigt (siehe Abbildung S. 75).

Krebserkrankung bei Bäumen

Krebsknoten weisen immer auf starke Erdstrahlenbelastung hin. Selbst strahlensuchende Bäume, die in einer zu starken Störzone stehen, können an Krebs erkranken. Baumkrebs entsteht meist durch sehr starke Belastung von Wasseraderkreuzungen, Gesteinsbrüchen und Gitternetzpunkten.

Krebsknoten durch Erdstrahlung.

Fachwissen	
Strahlenflüchter	
Apfelbaum	300–600 RE
Azalee	300–600 RE
Bananenbaum	400–700 RE
Begonie	300–600 RE
Benjamin	300–600 RE
Birnbaum	300–600 RE
Blumenkohl	400–700 RE
Erbse	400–700 RE
Flieder	400–700 RE
Gartenhecke	400–700 RE
Geranien	300–600 RE
Gurke	400–700 RE
Johannisbeere	400–700 RE
Kakteen	400–700 RE
Karotten	400–700 RE
Kartoffel	400–700 RE
Kohlrabi	400–700 RE
Linde	300–700 RE
Linse	400–700 RE
Rose	400–700 RE
Sellerie	400–700 RE
Sonnenblume	400–700 RE
Stachelbeere	400–700 RE
Thymian	400–700 RE
Veilchen	400–700 RE

Bäume in starken Störzonen können an Krebs erkranken.

Schiefwuchs bei Bäumen

Das Bild (siehe Seite 76) zeigt Ihnen einen Baum mit typischem Schiefwuchs. Diese Bäume können Sie häufig beobachten. Wenn Sie zu Hause im Garten einen solchen Baum mit Schrägwuchs stehen haben, wissen Sie, daß zumindest der Bereich, in dem der Baum steht, sehr stark mit Wasseradern oder Gesteinsbrüchen belastet ist.

Bäume mit Schiefwuchs sind nicht windschief. Wenn Sie bei einem schönen Spaziergang über die Felder in der Nähe Ihres Wohnortes auf Obstbäume geachtet haben, die auf den Wiesen stehen, sind Ihnen

Bäume mit Schiefwuchs versuchen der Erdstrahlen-belastung zu entgehen.

Schiefwuchs durch Erdstrahlung.

bestimmt schon Bäume mit Schiefwuchs aufgefallen. In einer Gruppe von 10, 20 oder 30 Bäumen können Sie sie öfter sehen. Alle Bäume in der Gruppe wachsen gerade, bis auf einige Ausnahmen, die sehr schräg dastehen.

Diese Bäume können nicht windschief sein, denn eine Baumgruppe auf freiem Feld ist dem Wind gleichmäßig ausgesetzt. Da aber nur einige Bäume von dem schiefen Wachstum betroffen sind, kann die Ursache nur eine Störzone sein.

Diese Strahlenflüchter weichen der Erdstrahlenbelastung aus.

Unter Schiefwuchs können auch Strahlensucher wie Kirschbäume leiden. Wenn sie in Belastungen über 2 500 Reizeinheiten stehen, versuchen auch sie der Belastung zu entgehen.

Auswirkungen der Erdstrahlung auf Linden

Kennen Sie in Ihrer Nähe einen Gasthof zur Linde? Unter ihrem kräftigen Stamm und dichten Blattwerk läßt es sich gut einkehren, denn Linden sind Strahlenflüchter. Wenn sie völlig ohne Belastung stehen, gedeihen sie prächtig, andernfalls können sie zu Schiefwuchs oder Baumkrebs neigen.

Unter einer Linde kann man sich wohl fühlen.

Auswirkungen der Erdstrahlung auf Apfelbäume

Der Apfelbaum gehört zu den Strahlenflüchtern. Er reagiert sehr sensibel auf Erdstrahlenbelastung. Sie können sehr oft Apfelbäume mit Schiefwuchs oder mit Baumkrebs beobachten, wenn der Standort der Bäume stark belastet ist.

Damit der Apfelbaum die Erdstrahlung spürt, bedarf es keiner Kreuzung von Wasseradern oder Gesteinsbrüchen. Eine Wasserader über 1600 Reizeinheiten reicht aus, daß der Baum mit Schiefwuchs reagiert. Wenn nur vereinzelte Äste durch die Störzone belastet sind, können Sie ein Abbiegen der Äste in Richtung der Freizone beobachten.

Fallbeispiel

Eine Apfelplantage im Bliesgau bei Saarbrücken war völlig verkümmert. Etwa 40 % der Bäume zeigten Schiefwuchs und Krüppelwuchs oder waren bereits eingegangen. Das Gelände der Plantage war durchgehend mit starken Wasseradern belastet. (Es ist also kein Wunder, daß die Bäume derart erkrankten.) Während der letzten 200 Jahre war es in dieser Gegend vielerorts üblich, vor dem Anlegen eines Apfel- oder Birnenhains einen Rutengänger mit der Suche nach geeigneten Stellen zu beauftragen.

Fallbeispiel

Ein Hobbygärtner hatte einen wunderschönen Garten, den er mit viel Liebe pflegte. Deshalb war er verwundert, daß sein Blumenkohl- und Gurkenbeet an verschiedenen Stellen nur kümmerlichen Ertrag brachte. Er kam zu dem Schluß, daß die Samenqualität schlecht gewesen wäre.

Zusätzlich hatte er auch Obstbäume. Mit ihnen war er sehr zufrieden. Bis auf seinen Birnbaum wuchsen und gediehen Sie prächtig. Er hatte schon 3 Bäume gepflanzt, die alle eingegangen waren.

Eine Untersuchung wies eine Belastung über 5 000 Reizeinheiten auf. Auch das Blumenkohl- und das Gurkenbeet waren stark belastet. Den nächsten Birnbaum pflanzte der Gartenfreund auf den Rat des Rutengängers an eine erdstrahlenfreie Stelle. Dieser Baum trägt mittlerweile wohlschmeckende Früchte.

Apfelbäume reagieren auf eine Erdstrahlenbelastung sehr sensibel.

Dieser Apfelbaum steht strahlenfrei.

Wie reagieren Obstbäume auf Erdstrahlen?

Obstbäume auf einer Störzonen-kreuzung blei-ben im Wachs-tum zurück und können sogar verkrüppeln.

Pfirsich-, Pflaumen-, Mirabellen- und Kirschbäume reagieren weniger empfindlich als Äpfel- und Birnbäume. Sie gehören zu den Strahlensuchern.

Bei Obstbäumen erkennen Sie die durch Störzonen ausgelösten Krankheiten an absterbenden Ästen oder krebsigen Geschwülsten. Sie befallen die Rinden und das Holz. In diesen krebsigen Geschwülsten finden Sie verschiedene Arten von Parasiten, die eine Folgeerscheinung der Erkrankung sind.

Risse in den Rinden von Obstbäumen entstehen nicht durch Frostschäden. Sie findet man nur bei Bäumen in Störzonen. Schon bei jungen Bäumen sind die Risse ein typisches Zeichen für den erdstrahlenbelasteten Standort.

Stehen Obstbäume auf einer Störzonenkreuzung, so bleiben sie im Wachstum zurück, bilden Schiefwuchs, verkrüppeln sogar und bilden häufig krebsige Geschwülste aus.

Fallbeispiel

Ein Bauer auf der Schwäbischen Alb hatte sein Haus inmitten schräg wachsender und verkrüppelter Obstbäume stehen. Direkt am Haus befanden sich zwei Wasserbrunnen mit einem Wasservorrat von über 40 000 Litern. Hinter dem Haus an der Scheune befand sich eine Stelle, in die der Blitz wegen der hohen Belastung schon dreimal eingeschlagen hatte.

Eine Untersuchung des Hauses auf Erdstrahlen ergab viele Wasseradern und 2 Gesteinsbrüche. Die Wasseradern liefen in verschiedenen Richtungen unter dem Haus entlang, die Bäume rundum waren ebenfalls durch Wasseradern und Gesteinsbrüche belastet.

Fachwissen

Alte Landstraßen folgen dem Lauf der Strahlung

Alte Landstraßen, wie sie vor Jahrhunderten angelegt wurden, folgen oft dem Lauf von sehr starken Störlinien, also extrem starken Wasseradern oder Gesteinsbrüchen. Die Wege verlaufen entlang von Stellen, an denen der Baumbestand in einer Breite von 2 bis 3 Metern kaum oder nicht vorhanden war. Dies ist immer über extrem starken Störzonen der Fall. Deshalb folgen die alten Verbindungswege zwischen Dörfern und Städten diesen Störzonen.

In den Naturparks im Odenwald finden wir zum Beispiel viele Straßen aus der Römerzeit, die heute als Wanderwege benutzt werden und die teilweise stark belastet sind.

Auswirkung der Erdstrahlung auf Fichten

Ein Fichtenwald mit besonders vielen gut gewachsenen Bäumen ist immer durch viele Wasseradern belastet. Sie finden in diesen Wäldern auch viel Farnkraut, Moosbewuchs und Pilze.

Fichten suchen Erdstrahlung.

Warum ging unsere Fichte nach anfänglich gutem Wachstum ein?

Wahrscheinlich hat eine starke Wasserader ihren Lauf geändert und zusätzlich die Fichte belastet. Die Erdstrahlung wurde selbst der strahlensuchenden Fichte offensichtlich zu stark.
Andererseits könnte die Fichte auch in einen Richtfunkstrahl hineingewachsen sein. Durch die aufgenommene Elektrizität kam es zu einem Versauern des Bodens am Wurzelwerk, so daß dem Baum die Lebensgrundlage entzogen war.

Oft finden Sie hier nach langen Trockenperioden Matsch auf Waldwegen oder knapp daneben.

Im Karwendelgebiet, im Schwarzwald oder in den Vogesen können Sie vielerorts Waldwege in Hanglage finden, auf denen fast das ganze Jahr über Wasser fließt. Die dortigen Fichten wachsen besonders prächtig. Auch die schöne Fichte auf obiger Abbildung steht in einer Störzone.

Auswirkung der Erdstrahlung auf Eichen

Auch die Eichen sind Strahlensucher. Eichen wachsen sehr oft über starken Wasseradern und Gesteinsbrüchen. Wenn sie über Wasseraderkreuzungen stehen, sind sie besonders blitzgefährdet. Sie sind jedoch so robust, daß sie selbst mehrere Blitzeinschläge überleben können.

Dennoch kann die Erdstrahlung selbst für die Eiche zu stark sein. Sie haben bestimmt bei einem Spaziergang schon Eichen gesehen, die deshalb einen Krebsknoten aufweisen (siehe Seite 75).

Fichten gedeihen an Waldwegen in Hanglage, auf denen fast das ganze Jahr über Wasser fließt.

Auch prächtige Eichen sind Strahlensucher.

79

Treten trotz guter Pflege bei Ihren Pflanzen viele braune Blätter auf, ist eine Erdstrahlenbelastung wahrscheinlich.

Die Eiche wächst (siehe Abbildung Seite 79 unten) in einer Störzone, die ihr gut tut. Deshalb entwickelt sie sich auch so üppig.

Auswirkungen der Erdstrahlung auf Yucca-Palmen

Wenn eine Yucca-Palme die Zierde Ihres Wohnzimmers ist, achten Sie auch bitte in Zukunft darauf, daß sie in einer Störzone steht. Sie gehört nämlich zu den Strahlensuchern. Sie gedeiht besonders kräftig und üppig in Belastungen zwischen 1000 und 2000 Reizeinheiten. Wenn sie nach dem Umstellen an einen anderen Platz gelblich gefärbte, hängende Blätter bekommt, ihr Holz weich wird und sie einzugehen droht, obwohl Sie sie liebevoll und sorgsam behandeln, steht sie mit Sicherheit an einem Ort mit einer Belastung über 3 500 Reizeinheiten. Läßt sie »nur« die Blätter hängen, könnte sie in einer Freizone stehen.

Yucca-Palmen lieben Erdstrahlung.

Wie reagieren Blätter auf Erdstrahlen?

Braune Blätter entstehen nicht nur, wenn Ihre Pflanzen zu wenig oder zu viel Wasser bekommen, wenn sie zu dunkel oder zu hell stehen. Wenn Sie Ihre Pflanzen liebevoll und sorgsam pflegen und sie dennoch bei einigen Blumen in Haus, Hof und Garten sehr viele braune Blätter entdecken, dann sind sicherlich Erdstrahlen mit im Spiel. Ein Bananenbaum reagiert bereits bei Erdstrahlenstärken über 1600 Reizeinheiten so stark, daß innerhalb kurzer Zeit nach dem Stand-

---

Fragen aus der Praxis

Warum gehen an meinem sonnigen Wohnzimmerfenster alle Pflanzen ein?

Der Bereich Ihres Wohnzimmerfensters ist sicherlich sehr stark erdstrahlenbelastet. Stellen Sie nur strahlensuchende Blumen dorthin. Mit Strahlenflüchtern werden Sie auf keinen Fall glücklich werden.

ortwechsel in eine belastete Zone fast all seine Blätter braun werden und absterben. Die Blätter verfärben sich zuerst am äußeren Rand, erst dann werden sie im ganzen braun. Es gilt die Regel: Je stärker die Belastung, desto schneller reagiert die Pflanze.

Verkümmerte Blumen

Sicherlich haben Sie zu Hause in Ihrem Wohnzimmer, auf Ihrem Balkon, in Ihrem Hof oder in Ihrem Garten prachtvolle Blumenstöcke. Vielleicht sind Sie sogar Besitzer eines wunderschönen Biotops, das, mit herrlichen Pflanzen versehen, Ihren gepflegten Garten schmückt.
Gedeiht Ihre wunderbare Blumenpracht gleich gut oder finden sich einige Begonien, Rosen oder Geranien, die trotz liebevollster Pflege einfach nicht richtig wachsen wollen? Wenn diese Pflanzen im richtigen Licht stehen sowie Düngung, Temperatur und Feuchtigkeit der Blumenerde beachtet wurden, können Sie davon ausgehen, daß diese Pflanzen durch Erdstrahlung belastet sind.
Unter den Blumen sind insbesondere auch Stauden aller Art sehr anfällig. Viele Gartenbesitzer unter Ihnen haben sicherlich schon bemerkt,

Seit dem Umzug gedeihen die Pflanzen schlechter. Woran liegt das?

Gewiß können Sie mit Pflanzen noch genauso gut umgehen wie in Ihrer ehemaligen Wohnung. Ihr neues Zuhause ist sehr wahrscheinlich bedeutend stärker mit Erdstrahlung belastet. Deshalb fühlen sich Ihre Pflanzen in der neuen Umgebung nicht wohl.
Wenden Sie sich an einen geprüften Rutengänger. Er kann Ihnen den richtigen Standort für alle Pflanzen zeigen.

daß in einer Reihe von Stauden eine oder mehrere verkümmert sind, während die übrigen sich kräftig entwickeln. Das verkümmerte Dasein einzelner Pflanzen, bei sonst gleichmäßigen Bedingungen, ist auf Störzonen zurückzuführen.

Stauden sind sehr anfällig. Einzelne verkümmerte Exemplare lassen eine Störzone vermuten.

Fallbeispiel

Eine Hausfrau hatte wunderbare Blumen. Sie waren die Zierde des Hauses. Nach dem Umzug ging ein Teil der Pflanzen ein. Auch die daraufhin neu angeschafften Pflanzen gingen ein, obwohl sie die gleiche Pflege erhalten hatten. Die Dame war völlig ratlos.
Bei einem Besuch ihrer Schwester lernte sie einen Rutengänger kennen, der das Wohnhaus nach Erdstrahlung und Elektrosmog untersuchte. Der Rutengänger erklärte ihr die Auswirkungen auf Menschen, Tiere und Pflanzen. Die Hausfrau befolgte die Ratschläge des Rutengängers und ersetzte die eingegangenen Pflanzen, die alle Strahlenflüchter waren, durch strahlensuchende Gewächse. Jetzt gedeihen an der gleichen Stelle herrliche Yucca-Palmen und Zimmerlinden.

Misteln suchen nur belastete Bäume.

Warum sind Heilkräuter Strahlensucher?

Heilkräuter benötigen Erdstrahlung für ein gesundes Wachstum.

Die im europäischen Raum angesiedelten Heilkräuter sind Strahlensucher.

Einige von Ihnen wie Petersilie und Pfefferminze fühlen sich zwischen 600 Reizeinheiten und 1 000 Reizeinheiten sehr wohl. In dieser Umgebung gedeihen sie am besten. Deshalb werden sie zu den Strahlensuchern gerechnet.

Die Heilkräuter haben sich im Laufe ihrer Entwicklung an erdstrahlenbelasteten Stellen angesiedelt. Sie haben sich diesen Orten angepaßt und benötigen sie auch heutzutage für ein gesundes Wachstum. Ihr Organismus hat Kräfte entwickelt, um den Einfluß der Erdstrahlung auszugleichen.

Wir verdanken unsere Gesundheit ihren heilenden Stoffen und Aromen, die sie schon seit Jahrtausenden in ihrem erdstrahlenbelasteten Umfeld produzieren. Verschiedene Heilkräuter gedeihen auch in erdstrahlenfreier Umgebung. Sie erreichen allerdings nur eine mindere Qualität.

Fallbeispiel

Eine begeisterte Kräutersammlerin freute sich über das reichhaltige Vorkommen von Schachtelhalm in der näheren Umgebung ihres Hauses.

Bei der späteren Verwendung mußte sie eine mindere Qualität feststellen. Der Schachtelhalm, den sie sonst in kleineren Mengen an anderen Stellen gefunden hatte, zeigte eine bessere Heilwirkung und hatte ein geschmackvolleres Aroma.

In einem Gespräch mit einer Bekannten erfuhr sie, daß ein ortsansässiger Bauer den Schachtelhalm großflächig anbauen wollte. Der Versuch mißlang. Der Schachtelhalm mit der schlechteren Qualität stammt aus dieser Versuchsphase.

Die Kräutersammlerin wußte nicht, daß der Schachtelhalm ein Strahlensucher ist und die Erdstrahlung wesentlich zu seiner Qualität und seinem Aroma beiträgt.

Schachtelhalm, der gezüchtet wird, gedeiht auch in erdstrahlenfreier Umgebung. Allerdings besitzt er dort eine mindere Qualität und weniger Aroma.

82

Warum wachsen Misteln nur auf bestimmten Bäumen?

Misteln sind Strahlensucher und bevorzugen wie alle Pflanzen dieser Art ganz bestimmte Erdstrahlenstärken (siehe Seite 74). Sie siedeln sich nur auf entsprechend belasteten Bäumen an.

Der Ahornbaum (siehe Abb. Seite 82) steht in einer Störzone, die für das gute Gedeihen der Misteln beste Voraussetzungen bietet.

Misteln fühlen sich am wohlsten zwischen 1200 und 2800 Reizeinheiten. In diesem Erdstrahlenumfeld können sie ihre heilenden Kräfte am besten entfalten.

Lavendel

Lavendel ist wie alle Heilkräuter ein Strahlensucher. Die Energie der Erdstrahlung verleiht ihm die ausgleichende Kraft, die er benötigt, um seine Aromen und seine Heilkraft besonders gut entwickeln zu können.

In der Provence, die durch sehr viele Wasseradern und Gesteinsbrüche belastet ist, findet der Lavendel hervorragende Voraussetzungen. Die nebenstehende Abbildung

zeigt, wie wunderschön und üppig der Lavendel in dieser urwüchsigen mediterranen Landschaft gedeiht.

Warum brauchen Pilze Erdstrahlung?

Pilze wachsen seit Jahrmillionen in erdstrahlenbelasteten Zonen. Sie haben sich im Laufe ihrer Entwicklung den Belastungen angepaßt und Kräfte geformt, die diesen entgegenwirken.

Pilze gedeihen in erdstrahlenfreien Zonen wesentlich schlechter.

Wenn wir heutzutage Pilze in einem erdstrahlenfreien Umfeld anpflanzen, fehlt ihnen die notwendige Belastung. Sie sind dann nicht mehr in ihrem Gleichgewicht. Sie werden krank und gedeihen wesentlich schlechter.

Lavendel gedeiht in Störzonen wunderschön.

Fallbeispiel

Ein Gartenfreund hatte Probleme mit seinem Gemüsebeet. Die Pflanzen wollten nicht richtig gedeihen, sie blieben kümmerlich und klein.

Auch die Geranien im Hof entwickelten sich nicht so prächtig wie bei den Nachbarn. Der Mann hatte alles versucht, um seinen Pflanzen zu helfen. Er kaufte besten Dünger, nahm die teuerste Blumenerde, versuchte es mit biodynamischen Methoden und Umtopfen. Der Erfolgt blieb ihm versagt.

Durch einen Freund erfuhr er über die Auswirkungen von Erdstrahlen auf Pflanzen, den Unterschied zwischen Strahlensuchern und Strahlenflüchtern und die Reaktionen einzelner Pflanzenarten an ihrem Standort.

Der Hobbygärtner pflanzte daraufhin in seinem Beet Bohnen an, die Geranien stellte er in eine erdstrahlenfreie Zone.

Nach geraumer Zeit konnte er sich an prächtig wachsenden Bohnen und wunderschönen Geranien erfreuen.

Wie können Sie Erdstrahlung an den Pflanzen in Haus und Garten erkennen?

Sie können Erdstrahlenbelastung in der Regel an Ihren prachtvollen Pflanzen in Ihrem Wohnzimmer, auf Ihrem schönen Balkon oder in Ihrem vorbildlich angelegten Garten recht einfach erkennen.

Wenn Ihre Pflanzen an Krebs erkrankt sind, wenn sie schief wachsen (beachten Sie bei Ihren Blumen-

stöcken die Lichtverhältnisse), verkrüppelt sind oder eingehen, ist die Wahrscheinlichkeit der Belastung sehr groß.

In der falschen Zone angesiedelte Pflanzen werden nicht von heute auf morgen krank. Im Laufe der Zeit können Sie bei den Strahlenflüchtern die Belastung wie Schiefwuchs der Gartenbäume, kümmerlichen Wuchs oder Krebsknoten an Bäumen, Gemüse und Blumen erkennen.

Die Strahlensucher können genau wie die Strahlenflüchter reagieren. Dies ist ein Zeichen, daß ihnen die Erdstrahlung zu stark ist. Nur bei kümmerlichem Wuchs kann dem Strahlensucher auch die Belastung fehlen.

Bei außerordentlich starker Belastung können sowohl die Strahlenflüchter als auch die Strahlensucher innerhalb kurzer Zeit erkranken.

Strahlenflüchter reagieren sehr ausgeprägt in Störzonen. Je größer die Belastung ist, desto schneller wirkt sie sich auf Ihre Pflanzen aus. Wenn Ihr Bananenbaum im Wohnzimmer nach dem Umstellen keine neuen Blätter mehr treibt, steht er bestimmt in einer Störzone.

Wenn seine Blätter innerhalb kurzer Zeit braun werden, ist er besonders stark belastet.

Wenn Ihre Geranien auf Ihrem Balkon nicht richtig gedeihen wollen oder beinahe eingehen, dann stellen Sie sie an einen erdstrahlenfreien Platz.

Schlecht wachsendes Gemüse im Garten macht Sie ebenfalls auf Erdstrahlenbelastung aufmerksam. Auch ihr Apfelbaum, der an Schiefwuchs leidet, ist ein Anzeichen für Erdstrahlenbelastung.

Wenn Ihre Yucca-Palme im Wohnzimmer nach dem Umstellen verkümmert, kann dies zwei Ursachen haben. Sie kann in einer erdstrahlenfreien Zone stehen, wo ihr die Belastung zum Ausgleich fehlt. Sie kann aber auch in einer zu starken Störzone stehen. In diesem Fall wird sie auch als Strahlensucher geschädigt. Strahlensucher gehen in erdstrahlenfreien Zonen normalerweise nicht ein. Allerdings wachsen sie in diesem Umfeld nicht so gut, werden leicht krank und bleiben kümmerlich.

Wenn Ihnen eine Pflanze einzugehen droht oder an Krebs erkrankt, ist dies immer ein Zeichen für zu starke Erdstrahlung.

Die Tabellen (siehe Seite 74f.) geben Ihnen einen kleinen Überblick über die Strahlensucher und Strahlenflüchter.

Wenn Sie zu Hause Pflanzen haben, die dort nicht enthalten sind, dann testen Sie nach obigen Erkenntnissen den Standort aus. Beobachten Sie die Pflanzen an den einzelnen Standorten aufmerksam, und Sie werden den geeigneten Platz finden.

Legen Sie sich einen Plan Ihres Gartens an, in dem Sie notieren, wie gut oder schlecht Ihr Gemüse an den verschiedenen Plätzen wächst. Diesen Plan können Sie im nächsten Jahr vor der Aussaat gut verwenden, um geeignete Plätze für die einzelnen Pflanzensorten zu finden.

Wenn Sie Pflanzen besitzen, die in den Tabellen enthalten sind, sollten Sie den Standort nach den Empfehlungen des Rutengängers wählen.

Vorsorge und Hilfe

*Sie sollten nicht warten, bis Sie durch
die Einwirkung von Erdstrahlen erkranken.
Deshalb müssen Sie Vorsorge treffen,
damit Ihre Umgebung, in der Sie sich hauptsächlich
aufhalten, nicht durch Störzonen belastet ist.
Nur in einem erdstrahlenfreien Bett
können Sie sich richtig regenerieren, nur an einem
erdstrahlenfreien Sitzplatz im Wohnzimmer
können Sie an Ihrem Feierabend richtig ausspannen
und nur an einem erdstrahlenfreien Arbeitsplatz
bleiben Sie auf Dauer leistungsfähig, auch wenn
das Ambiente noch so schön ist. Leider können
Sie als Laie Erdstrahlung nicht direkt wahrnehmen.
Beobachten Sie das Verhalten von Tieren
und Pflanzen, und lassen Sie sich von einem
professionellen Rutengänger beraten.*

*Abbildung linke Seite:
Ein schönes Ambiente garantiert noch keinen
erdstrahlenfreien Arbeitsplatz.*

Wie können Sie Belastungen erkennen?

Krankheiten sind ein sicheres Zeichen für eine mögliche Erdstrahlenbelastung.

Krankheiten sind ein sicheres Zeichen für mögliche Erdstrahlenbelastung.

Ob Sie an Beschwerden wie Schlafstörungen, Alpträumen, Rückenschmerzen oder Kopfschmerzen beim Erwachen leiden oder unter schweren Erkrankungen wie Epilepsie, Arthrose oder Krebs spielt keine Rolle. Die Wahrscheinlichkeit, daß Erdstrahlung Ihre Gesundheit beeinträchtigt hat, ist groß.

Fragen aus der Praxis

Ist der neue Standort des Bettes ein Placebo-Effekt?

Die gesundheitliche Besserung nach einer Bettumstellung kann nicht auf einen Placebo-Effekt zurückgeführt werden. Wäre der neue Schlafplatz nämlich noch belastet, würden nach 2 bis 5 Monaten die gleichen Krankheitssymptome wieder auftreten, wie der folgende Fall zeigt.

Eine Frau hatte Migräne. Über dem Kopfbereich verlief quer eine Wasserader. Das Bett wurde daraufhin etwa 60 Zentimeter von der Wand abgerückt. Somit war der Bettbereich völlig frei von Erdstrahlung, und die Migräne der Frau besserte sich schlagartig. Nach 3 bis 4 Monaten gefiel ihr das Bett in der jetzigen Lage nicht mehr. Nachdem sie keine Migräne mehr verspürte und andere Ursachen für die Erkrankung verantwortlich machte, schob sie das Bett wieder an die Wand zurück. Nach kurzer Zeit litt sie wieder unter den Beschwerden. Sie stellte das Bett erneut in die freie Zone und ist seitdem von der schädlichen Wirkung der Erdstrahlung überzeugt.

Solche positiven Veränderungen können wir selbstverständlich auch bei Tieren sehen oder bei Pflanzen beobachten, die an einen erdstrahlenfreien Platz gestellt werden.

Gehen Sie trotz großer Müdigkeit nicht gerne zu Bett? In diesem Fall möchte Sie Ihr Unterbewußtsein auf eine Belastung im Bettbereich aufmerksam machen.

Reisen Sie viel und schlafen in jedem Hotelbett besser als zu Hause? Sie können sicher sein, daß Ihr häusliches Bett in einer starken Störzone steht.

Wenn Sie am Arbeitsplatz keine Energie verspüren und unkonzentriert sind, ist dies oft ein Anzeichen für Erdstrahlenbelastung. Wenn Sie Ihren Arbeitsplatz so oft wie möglich meiden und jede Gelegenheit wahrnehmen, Ihre Arbeit anderswo zu verrichten, macht sich eine Störzone bemerkbar.

Wenn in der Nähe Ihres Hauses oder Ihrer Wohnung viele strahlensuchende Bäume wie Eichen, Roßkastanien oder Fichten prachtvoll gedeihen, oder wenn Sie Bäume mit Schiefwuchs, Baumkrebs oder verkrüppelte Bäume vorfinden, dann ist sehr wahrscheinlich Ihre Wohnung durch Störzonen belastet.

Schlecht wachsendes Gartengemüse, verdorrte Stellen auf Ihrem sonst üppig wachsenden Rasen und wenig Glück mit einigen Ihrer sonst wundervollen Blumen kann die Folge von Erdstrahlung sein.

Entdecken Sie ein Wespennest unter Ihrem Dach, sollten Sie den

Rutengänger ins Haus bitten. Als Katzenfreund sollten Sie nicht nur um die Gesundheit Ihres Tieres besorgt sein, sondern genau darauf achten, wo sich Ihr Liebling am wohlsten fühlt. Diese Plätze sollten Sie vor Erdstrahlung schützen, denn dort ist Ihre eigene Gesundheit in Gefahr.

Fachwissen

Einsatz der Winkelruten

Die Übung mit den Winkelruten (Seite 34) ist für einen Laien sehr trügerisch. Sie werden nur größere Stärken von Erdstrahlen feststellen. Dabei ist die persönliche Empfindlichkeit sehr wichtig. Je entspannter Sie die Ruten in der Hand halten, desto besser können Sie Erdstrahlung wahrnehmen. Sollten Sie krank sein, Kopfschmerzen und/oder Rückenschmerzen spüren, dann sind Sie auch angespannt bzw. verspannt. Deshalb werden Sie in diesem Zustand als Laie relativ wenig Erdstrahlung wahrnehmen.

Beugen Sie vor – Ihrer Gesundheit zuliebe!

Sorgen Sie rechtzeitig für einen erdstrahlenfreien Bettbereich, auch wenn Sie noch keine Beschwerden haben. Schirmen Sie Störzonen in Ihrem Wohnzimmer und an Ihrem Arbeitsplatz ab. Diese Maßnahmen

können Sie vor Krebs und schweren Krankheiten schützen und erhalten Ihnen Vitalität und Lebensfreude.

Wie können Sie Erdstrahlen vorbeugen?

Sie haben zwei Möglichkeiten, um Erdstrahlen wirksam vorzubeugen. Sie können zum einen Ihr Bett in

Sorgen Sie für einen erdstrahlenfreien Bettbereich, bevor sich Beschwerden einstellen.

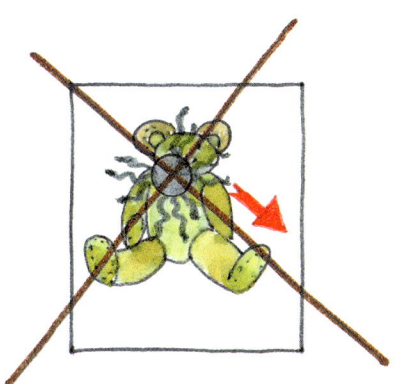

Durch Umstellen des Bettes konnte ein zehnwöchiges Baby wieder durchschlafen. Das Mädchen versuchte unter Aufbietung all seiner Kraft einem Currygitternetzpunkt zu entfliehen (siehe Fallbeispiel).

Fallbeispiel

Das Bett eines zehnwöchigen Mädchens wurde aus Platzgründen verstellt. Das Kind lag nach der Umstellung direkt auf einem Currygitternetzpunkt. Ab diesem Zeitpunkt stöhnte es nachts, hatte vermutlich Alpträume und versuchte unter enormen Kraftanstrengungen diesem zu entfliehen. Am Morgen lag das Kind mindestens 30 cm von der abendlichen Schlafposition entfernt. Das Bett wurde in eine freie Zone gestellt. Bereits in der darauffolgenden Nacht schlief die Kleine wieder ruhig und friedlich.

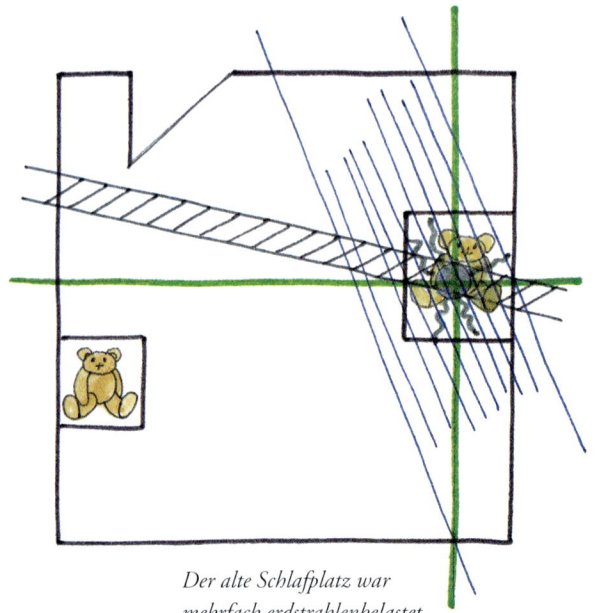

*Der alte Schlafplatz war
mehrfach erdstrahlenbelastet.
Der neue störungsfreie Schlafplatz garantiert
einen erholsamen Schlaf (siehe Fallbeispiel).*

Fallbeispiel

*Ein elfjähriges Kind konnte jahrelang nur im
elterlichen Bett schlafen. Wurde es abends
zum Schlafen ins eigene Kinderzimmer ge-
schickt, schlüpfte das Kind spätestens in der
Nacht wieder in das Bett der Eltern. Angst-
zustände, Alpträume und Herzflattern trie-
ben das Kind jede Nacht zu diesem Verhalten.
Nach einer Renovierung des Kinderzimmers
wurde das Bett auf einen anderen Platz gestellt. Ab diesem Zeitpunkt blieb das
Mädchen über Nacht in seinem Bett. Eine
nachträgliche Überprüfung ergab, daß der
alte Schlafplatz durch eine Wasserader, einen
Gesteinsbruch und einen Globalgitternetzpunkt belastet war.*

*Wenden Sie sich
an einen Ruten-
gänger, bevor Sie
eine neue Woh-
nung beziehen.*

eine erdstrahlenfreie Zone stellen,
zum anderen können Sie das Bett
an seinem Platz lassen und gegen
Erdstrahlung und Elektrosmog abschirmen.

Als Laie sind Sie sehr wahrscheinlich nicht in der Lage, Freizonen zu
finden. Deshalb sollten Sie sich an
einen geprüften Rutengänger wenden. Er kann Ihnen den Platz zeigen, der mit Sicherheit erdstrahlenfrei ist, oder Sie fachmännisch beraten, wie Sie Ihr Bett am besten
schützen können.

Wenn Sie neue Möbel kaufen oder
Ihre Wohnung in absehbarer Zeit

renovieren möchten, sollten Sie sich
bereits in der Planungsphase an den
Rutengänger wenden.

Es ist in jedem Falle günstiger, die
Ergebnisse des Rutengängers bei der
Einrichtung zu berücksichtigen.

Wenn Sie ein Haus bauen oder eine
Wohnung kaufen möchten, dann
beauftragen Sie vor dem Kauf von
Grundstück und Wohnung einen
Rutengänger.

Er sollte den Bauplatz, auch wenn
Sie diesen bereits erworben haben,
unbedingt begehen und nach Erdstrahlung absuchen. Seine Arbeit
weist Ihnen die besten Standorte für
Ihr zukünftiges Schlaf-, Wohn- oder
Arbeitszimmer aus. Darüber hinaus
erhalten Sie nützliche Hinweise zur
Vermeidung von Elektrosmog.

Welche Sofortmaßnahmen sind möglich?

Wenn Sie das Gefühl haben, daß Sie durch Erdstrahlen belastet sind und eine sofortige Änderung der Situation herbeiführen möchten, haben Sie folgende Möglichkeiten:

Bettbereich

Wenn Ihr Bettbereich belastet ist und verschiedene Leiden wie Schlafstörungen, Depressionen oder Magen-Darm-Erkrankungen auftreten, können Sie das Bett erst einmal auf gut Glück verstellen. Günstigstenfalls können Sie dadurch Linderung erfahren. Die Beschaffenheit des Bettplatzes ist hier entscheidend. Folgende Veränderungen können sich ergeben:

- Der neue Bettbereich ist frei von Belastung. Sie werden sich nach kurzer Zeit wohler fühlen (siehe Grafik Seite 93). Bei schweren Erkrankungen ist allerdings nach wie vor eine naturheilkundliche oder schulmedizinische Behandlung notwendig.
- Der neue Bettbereich ist ähnlich stark oder schlimmer belastet. In diesem Fall kommt keine Besse-

Fallbeispiel

Eine Frau hatte Trigeminusneuralgie, Kopfschmerzen, einen stark verspannten Oberkörper, angeschwollene Augenlider am Morgen und starke Schwindelanfälle. Sie mußte des öfteren von ihrem Mann ins Bad geführt werden, weil sie alleine nicht mehr gehen konnte. Die Frau war in den vergangenen 18 Monaten zweimal in klinischer Behandlung gewesen, jedoch ohne den erhofften Erfolg. Das Bett der Frau war durch eine Wasserader und einen Gesteinsbruch sowie einen Currygitternetzpunkt im Kopf-/Brustbereich belastet. Der Bettbereich wurde daraufhin abgeschirmt, die hohen elektrischen Störfelder wurden beseitigt. Seitdem hatte die Frau keine Schwindelanfälle und keine geschwollenen Augenlider mehr, die Kopfschmerzen blieben aus und die Neuralgie konnte behandelt werden (siehe Grafik).

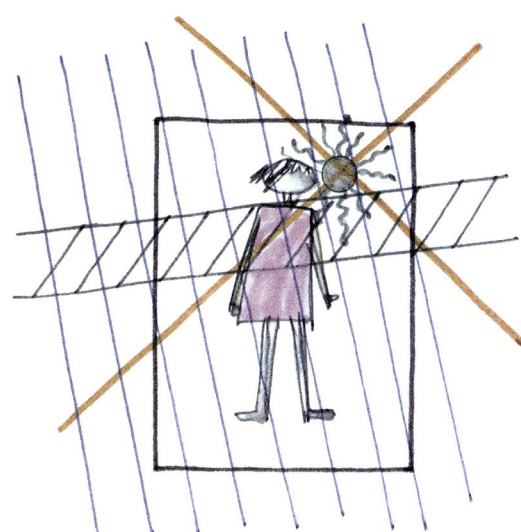

Frau mit Trigeminusneuralgie. Nach der Abschirmung des Bettbereichs konnte die Krankheit erfolgreich behandelt werden.

Der erdstrahlenfreie Bettplatz und die Beseitigung elektrischer Störfelder sind Bedingung für die erfolgreiche Behandlung von Krankheiten.

Vergessen Sie
beim Umstellen
nicht, die Aus-
wirkungen von
Elektrosmog zu
beachten.

*Frau im Bettbereich,
die einer Wasserader
ausweicht.*

rung zustande. Im Gegenteil: Es wird Ihnen vermutlich schlechter gehen.

- Der neue Bettbereich ist nicht mehr im Oberkörper-/Kopfbereich, sondern im Bauchbereich sehr stark belastet. Ihre ursprünglichen Beschwerden werden sich kurzfristig bessern, zu späterer Zeit werden jedoch erfahrungsgemäß Probleme im Bauchbereich auftreten.

Vergessen Sie beim Umstellen des Bettes nicht, die schädlichen Auswirkungen von Elektrosmog zu beachten. Sie gewinnen nicht viel, wenn Sie das Bett in eine erdstrahlenfreie Zone stellen, dafür aber plötzlich extrem stark elektrisch bzw. elektromagnetisch belastet sind.

Arbeitsplatz und Sitzplatz im Wohnzimmer

Wenn diese beiden Plätze belastet sind, haben Sie zwei Möglichkeiten. Sie können Ihren Platz auf gut Glück an eine andere Stelle verlegen. Ist der neue Standort ebenfalls belastet, werden Sie nur eine besonders starke Belastung wahrnehmen. Geringere Strahlung wie eine Wasserader von 1.200 RE wirken sich auf Ihre Gesundheit zwar belastend aus, Sie werden diese Gefahr bewußt aber kaum spüren.

Deshalb ist die zweite Möglichkeit sinnvoller: Beauftragen Sie einen geprüften Rutengänger, der nach einem geeigneten Platz sucht.

Ein erdstrahlenfreier Platz tut gut.

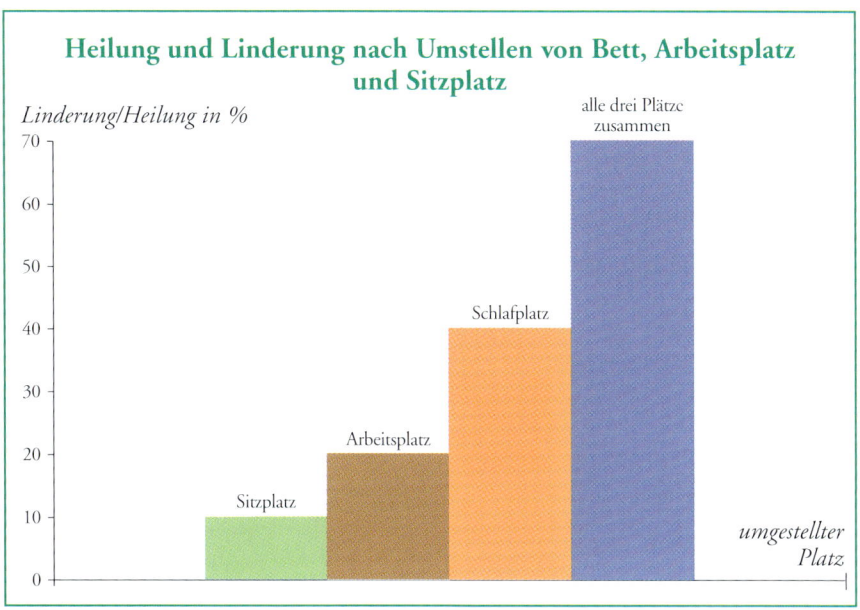

Heilung und Linderung nach Umstellen von Bett, Arbeitsplatz und Sitzplatz

Linderung/Heilung in %

Heilung und Linderung ist mit 70% angegeben, weil sich Elektrosmog und Chemikalien ebenfalls schädlich auswirken können.

Er kann Sie auch über eine notwendige Erdstrahlenabschirmung und über Elektrosmog beraten (siehe Kapitel »Gesundheitliche Gefahren durch Elektrosmog«).

Wie können Sie Erdstrahlung abschirmen?

Erdstrahlenabschirmung ist sehr umstritten. Einerseits gibt es sehr viele unnütze Empfehlungen über Abschirmmaßnahmen, andererseits können Sie unzählige Abschirmgeräte kaufen, die meist keine Wirkung erzielen. Dennoch können und müssen wir die Orte, an denen wir die meiste Zeit verbringen, gegen Erdstrahlung schützen.

Die Strahlensucher unter den Tieren und Pflanzen verfügen über eine Kraft, die Erdstrahlung verdrängt. Verdrängen ist auch für uns Menschen die einzige Möglichkeit, um Erdstrahlen wirksam abzuschirmen. Sie können Erdstrahlung weder vernichten, noch einfangen und per Antenne wegschicken, noch können Sie sie in die Erdung der Steckdose leiten. Sie können sie lediglich umlenken.

Umlenken ist die einzige Möglichkeit, um Erdstrahlen wirksam abzuschirmen.

93

Wird ein Kranker nach der Bettumstellung immer gesund?

Die Bettumstellung kann dazu führen, daß Beschwerden innerhalb kurzer Zeit abklingen und verschwinden. Leidet der Betroffene unter einer schweren Krankheit, ist eine Bettumstellung in eine neutrale Zone immer eine die Therapie unterstützende Maßnahme, wobei die Bettumstellung alleine in aller Regel keine vollständige Heilung bringt. Hier ist eine schulmedizinische oder naturheilkundliche Therapie notwendig.

Abschirmmöglichkeiten

Es gibt mehrere Methoden, um Erdstrahlen umzulenken.

Sie haben einige Möglichkeiten, Erdstrahlen an Bett-, Arbeits- und Sitzplatz abzuschirmen. Bei zwei der folgenden Methoden muß Elektrosmog beachtet werden, damit die Umlenkung von Erdstrahlen möglich ist. Allerdings schirmt keine der Methoden Elektrosmog ab. Der geprüfte Rutengänger testet aus, ob die nachfolgenden Materialien für Ihre individuelle Situation geeignet sind.

Holz von strahlensuchenden Bäumen

Sie können mit dem Holz von strahlensuchenden Bäumen Erdstrahlung umlenken. Fichten- oder Eichenholz hat jedoch den Nach-

teil, daß Sie sehr viel davon brauchen. Eine Holzschicht von etwa 1 Meter bis 1,50 Meter Dicke unter der gesamten Fläche Ihres Bettes ist notwendig, um eine durchschnittliche Erdstrahlenbelastung pro Bett umzulenken. Elektrosmog kann die Abschirmung nicht beeinträchtigen.

Kork

Wenn Sie mit speziellen Korkmatten Ihre Betten gegen Erdstrahlen abschirmen wollen, müssen Sie die Stärke der Erdstrahlenbelastung beachten. Bis 1 100 Reizeinheiten wir-

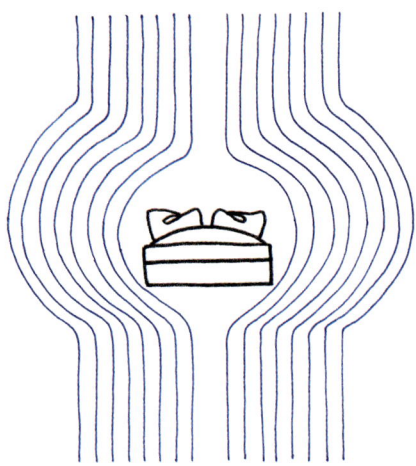

Die Belastung steigt senkrecht nach oben. Der Bettbereich wird geschützt, weil die Erdstrahlen umgelenkt werden.

94

ken die Korkmatten, die unter der gesamten Fläche Ihres Bettes angebracht werden, hervorragend. Lassen Sie die Stärke der Erdstrahlenbelastung von einem Rutengänger messen. Ist die Erdstrahlenbelastung jedoch stärker als 1100 Reizeinheiten, können Sie die Korkmatten nicht mehr verwenden. Elektrosmog wirkt sich auf diese Art der Abschirmung nicht störend aus.

Bienenwachs

Mit Bienenwachs können Sie Ihre Betten ebenfalls gegen Erdstrahlung abschirmen. Eine Wachsschicht von etwa 20 cm Stärke unter der gesamten Fläche Ihres Bettes reicht aus, um eine durchschnittliche Erdstrahlenbelastung pro Bett umzulenken. Elektrosmog wirkt sich nicht störend auf diese Art der Abschirmung aus.

Kupferringe

Seit Anfang dieses Jahrhunderts ist bekannt, daß Kupfer eine Wirkung gegen Erdstrahlung hat. Ringe oder Achten wirken gut, wenn Sie folgende Hinweise beachten: Die Kupferringe und Achten können in

ihrer Funktion durch Elektrosmog gestört werden. Um Ihr Bett mit Kupfer gegen Erdstrahlen abzuschirmen, benötigen Sie den Rat eines Fachmanns.

Apollo-Erdstrahlenschutz

Apollo-Erdstrahlenschutz gibt es speziell für Sitz- und Arbeitsplatz sowie den Bettbereich. Die Unterlage oder Untermatratze lenkt Erdstrahlenbelastung bis zu einer Stärke von 5 000 Reizeinheiten (schwere Belastung) wirksam um und ist einfach anzubringen. Die Wirksamkeit von Apollo-Erdstrahlenschutz wird durch Elektrosmog beeinträchtigt. Die Hilfe eines geprüften Rutengängers ist bei der Installierung notwendig.

Bienenwachs hat neben der Fähigkeit, Erdstrahlen umlenken zu können, den Vorteil, daß sich Elektrosmog nicht störend auswirkt.

Fragen aus der Praxis

Wie kann ich den Erfolg der Maßnahmen kontrollieren?

Wenn Sie Ihr Bett in eine erdstrahlenfreie Zone gestellt oder wirkungsvoll gegen Erdstrahlen abgeschirmt haben, müssen Sie in einem Zeitraum von 2 bis 4 Wochen eine Besserung spüren. In Ausnahmefällen kann es etwas länger dauern. Die einzige Möglichkeit der Kontrolle bei Menschen ist also der verbesserte Gesundheitszustand der betroffenen Person. Bei Pflanzen sehen Sie den Erfolg an üppigerem Wachstum und gesunden Blättern. Braune Blätter müßten in aller Regel verschwinden.

95

Wie schnell stellt sich nach dem Bettumstellen Erfolg ein?

Erfolg kann sich sofort einstellen, das heißt innerhalb von wenigen Tagen, wenn der Einfluß der geopathogenen Zonen nicht länger als 3 Jahre vorhanden und so gering war, daß in dieser Zeit keine schweren Krankheiten entstehen konnten.

Die Symptome werden in diesem Fall innerhalb kurzer Zeit gelindert, oder sie verschwinden ganz. Besteht der Einfluß der Störzonen schon über 3 Jahre oder vielleicht sogar schon jahrzehntelang, tritt auf jeden Fall eine Besserung ein, die aber längere Zeit in Anspruch nimmt.

Das Verschwinden der Symptome wie Kopfschmerzen, Migräne, Rückenschmerzen – sofern diese durch Erdstrahlung ausgelöst wurden – kann 2 bis 3 Monate dauern.

Wenn Sie unter einer schweren Krankheit wie Rheuma, Arthrose oder gar Krebs leiden, ist es ganz besonders wichtig, daß der Bettplatz störungsfrei ist. Sie sind nach dem Bettumstellen sicherlich nicht innerhalb von 4 Wochen gesund. Sie müssen aber sehr wohl innerhalb dieser 4 Wochen eine Besserung verspüren. Sei es, daß Sie jetzt besser schlafen können, daß Sie nicht mehr nervös im Bett sind, daß Sie jetzt viel lieber als vorher zu Bett gehen, bzw. daß Sie und Ihr Arzt spüren, daß die Therapie jetzt besser wirkt.

Wer hilft, wen können Sie zu Rate ziehen?

Lassen Sie sich das Zertifikat eines geprüften Rutengängers vorlegen.

Um sicher zu gehen, daß Ihr Haus, Ihre Wohnung, Ihr Garten oder Ihr Arbeitsplatz strahlenfrei sind, müssen Sie einen geprüften Rutengänger beauftragen, das entsprechende Gelände auf Erdstrahlung und Elektrosmog zu untersuchen.

Leider haben viele Rutengänger keine richtige Ausbildung. Teilweise fehlt unerläßliches Wissen über einzelne Arten von Erdstrahlen, oder es

sind enorme Konzentrationsmängel während der Arbeit vorhanden. Die Folge davon sind fehlerhafte Ergebnisse, weil der Ausschlag der Rute falsch gedeutet wird.

Beauftragen Sie deshalb nicht irgendeinen Rutengänger mit der Untersuchung Ihrer Wohnung, sondern lassen Sie sich das Zertifikat eines geprüften Rutengängers vor Beginn der Arbeit vorlegen. Der Rutengänger bestätigt damit, daß er das Arbeiten mit der Rute von der Pike auf gelernt hat, denn er muß genau wissen, was jeder einzelne Ausschlag bedeutet. Wenn er die Meßergebnisse falsch interpretiert, wird er Ihnen mehr Schaden zufügen als Hilfe bringen.

Es war schon öfter zu beobachten, daß unausgebildete Rutengänger eine Wasserader nicht festgestellt hatten, weil die Ufer außerhalb des Raumes oder des Hauses verliefen. Oder sie fanden die Wasserader, konnten aber die Gitternetzpunkte nicht erkennen. In beiden Fällen erhielt der Auftraggeber keine Hilfe, sondern wurde noch zusätzlich geschädigt.

Der heutige Rutengänger muß auch Elektrosmog-Fachmann sein. Über 95 % unserer Schlafzimmer sind dadurch stark belastet. Hier muß der Rutengänger fachgerecht beraten können.

96

Deshalb wird mit Recht vor unerfahrenen Rutengängern gewarnt. Wer eine Untersuchung seiner Arbeits-, Wohn- und Schlafräume möchte, sollte sich an eine Fachorganisation wenden.

Woran erkennen Sie einen seriösen Rutengänger?

Rutengänger ist bei der Handwerkskammer nicht als Beruf anerkannt. Es gibt viele selbsternannte Rutengänger, die nur mangelhaft mit der Wünschelrute umgehen können und keine Fachkenntnisse über Elektrosmog haben. Darüber hinaus haben einige schwarze Schafe in der Branche größeres Interesse am Verkauf von Abschirmgeräten als an einer seriösen Beratung.

Um sich vor solchen Personen schützen zu können, erhalten Sie an dieser Stelle einige Richtlinien:

- Der seriöse Rutengänger untersucht Ihr Heim auf Wasseradern, Gesteinsbruch, Gesteinsverwerfung, Gitternetzpunkte, auf elektrische Felder und Elektromagnetfelder.
- Der seriöse Rutengänger erstellt Ihnen eine genaue Skizze über die vorhandenen störungsfreien Zonen.

- Auf Ihren Wunsch hin berät er Sie über die Möglichkeiten der Erdstrahlenumlenkung.
- Eine gewissenhafte Haus- oder Wohnungsuntersuchung kostet Zeit. Sie müssen 1,5 bis 3 Stunden Zeit aufbringen, die sich mit Sicherheit lohnen.
- Ein seriöser Rutengänger läßt sich von einer Fachorganisation regelmäßig überprüfen und gehört dieser auch an. Fragen Sie nach seinem Ausweis.

Seriöse Rutengänger lassen sich regelmäßig von einer Fachorganisation überprüfen.

Fragen aus der Praxis

Das Befinden in einer Freizone verschlechterte sich nach der Umstellung. Warum?

In seltenen Fällen kann es zunächst auch zu einer Verschlechterung des Wohlbefindens kommen, aber auch daran können wir eine Wirkung erkennen. Diese Verschlechterung tritt glücklicherweise nur sehr selten auf, ist letztendlich auch eine positive Erscheinung, obwohl der Betroffene sie negativ wahrnimmt. Man kann sie einfach als Entzugserscheinung bezeichnen, wobei man sie mit folgendem Phänomen vergleichen kann.

Indem Sie Ihren Bettbereich in eine neutrale Zone verlegen, wird dem Körper die Blockade Erdstrahlung genommen. Er kann in solchen Fällen Rückstände aufarbeiten, was der Körper auch erst einmal unaufhaltsam tut, d. h. die Organe werden über Nacht auf Hochtouren arbeiten. Sie werden in solchen Fällen mit Sicherheit schlecht schlafen, sich unwohl fühlen, vielleicht Bauchdrücken haben und dergleichen mehr.

Diese Reaktionen können den Erfahrungen nach 3 bis maximal 4 Wochen anhalten. Danach tritt eine merkliche Besserung ein. In seltenen Fällen tritt kurzfristig keine Besserung ein, z. B. wenn der Körper extrem mit Umweltgiften belastet ist. Aber selbst in solch schwerwiegenden Fällen wird eine Therapie langfristig erfolgreich sein, wenn das Bett in einer erdstrahlenfreien Zone steht.

Die Arbeit des Rutengängers

Der Radiästhet arbeitet mit verschiedenen Ruten, dem Pendel und dem Biotensor.

Physikalische Meßmethoden können hervorragend zur Überprüfung der mit der Wünschelrute erzielten Ergebnisse eingesetzt werden. Sie ersetzen die Wünschelrute jedoch nicht.

Für viele von uns ist das Arbeiten mit der Rute immer noch etwas Mysteriöses, Zweifelhaftes.

Um Aufklärung in die verschwommenen und mystischen Vorstellungen zu bringen, ist es notwendig, die Arbeit des Rutengängers zu beschreiben. Der Radiästhet arbeitet mit verschiedenen Wünschelruten, mit der Winkelrute, mit dem Pendel und mit dem Biotensor.

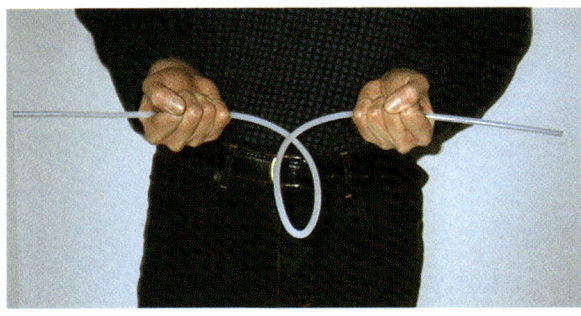

Moderne Ruten sind aus Kunststoff.

Die Wünschelrute: Sie war früher eine Holzgabel aus Nußbaum, Weidenholz oder Kirschenholz. Sie war nach mehreren Tagen ausgetrocknet und nicht mehr biegsam, deshalb

mußte eine neue Gabel geschnitten werden. Weil Holz schnell austrocknet, benutzt man heute nur noch Kunststoffruten oder Metallruten. Sie behalten viele Jahre ihre Geschmeidigkeit. Die heutige Wünschelrute aus Metall oder Plastik ist eine sogenannte V-Rute. Diese gibt es in verschiedenen Variationen. Sie wird am Ende der beiden Schenkel von den Händen ergriffen und gespannt.

Das Pendel: Es gibt verschiedene Pendel. Sie sind aus Holz, Metall, Steinen, Glas oder Keramik gefertigt. Das Pendel selbst hängt an einem metallenen Kettchen, an einer Schnur oder einem Faden. Wichtig ist die richtige Haltung. Das Pendel wird locker in die Hand genommen in der Art, daß man die Schnur oder die Kette greift und das Pendel in einem angenehmen Abstand von der Hand frei schwingen läßt.

Der Biotensor: Er ist halb Rute und halb Pendel. Auch er kann aus unterschiedlichen Materialien wie Metall, Holz oder Kunststoff bestehen. Der Biotensor wird locker in einer Hand gehalten.

Der Rutengänger wird bei der Arbeit im Freien eine Wünschelrute benutzen. Denn durch die Unebenheit des Geländes oder durch vorhandenen Wind würden das Pendel

So halten Sie das Pendel richtig.

oder der Biotensor von selbst ausschlagen. Untersucht er Innenräume, wird er sich jeweils nach den Örtlichkeiten für eines der drei Geräte entscheiden.

Die Fähigkeit des Rutengehens

Die »Kunst des Rutengehens«, die Arbeit mit der Wünschelrute, ist eine Tätigkeit, die jeder Mensch ausüben kann. Jeder Mensch ist in der Lage, das Rutengehen bis zu einem gewissen Grad zu erlernen. Die Fähigkeit muß nur entdeckt und gefördert werden.

Neben den physikalischen Gesetzen gibt es auch geistige Gesetze. Diese

geistigen Gesetze muß der Rutengänger erlernen. Professor Dr. Milan Ryzl, ein Dozent an der Universität von San Francisco, hat in den letzten drei Jahrzehnten sehr viele interessante Forschungen und Versuche im Hinblick auf diese geistigen Gesetze durchgeführt. In seinem Buch »ASW Training außersinnlicher Wahrnehmungen« beschreibt er seine Erkenntnisse und Beobachtungen.

ASW ist hier definiert als Wahrnehmung, die weder mit den Augen oder Ohren, noch mit dem Geruchs- oder Geschmackssinn, noch mit dem Tastsinn gemacht werden. Diese außersinnlichen Wahrnehmungen werden über noch vorhandene, aber völlig verkümmerte

Jeder Mensch kann bis zu einem bestimmten Grad das Rutengehen erlernen.

Fragen aus der Praxis

Wieso können mehrere Rutengänger im gleichen Haus zu unterschiedlichen Ergebnissen kommen?

Dafür gibt es zwei Möglichkeiten. Zum einen kann der erste Rutengänger zu einer Zeit untersuchen, in der bestimmte Wasseradern gefüllt sind und reichlich Wasser transportieren. Der zweite Rutengänger untersucht vielleicht ein halbes Jahr später in einer trockeneren Jahreszeit das gleiche Haus und findet keine Wasserader mehr an dieser Stelle, da sie mittlerweile versiegt ist.

Es könnte jedoch auch sein, daß einer der Rutengänger eine gute Ausbildung genossen hat und der andere ein Rutengänger von eigenen Gnaden ist, bei dem die Wünschelrute zwar ausschlägt, die Ausschläge mangels Wissen aber nicht richtig gedeutet werden.

Sinne erlangt. Das Vorhandensein dieser Sinne ist uns heute völlig unbekannt. Deshalb beginnt das Lernen erst einmal mit dem Erspüren dieser Sinne.

Menschen, die Yoga ausüben oder meditieren, erlernen das Rutengehen leichter.

Wer Yoga ausübt oder meditiert, ist gegenüber Menschen, die sich nicht mit Entspannungstechniken beschäftigen, im Vorteil. Wer entsprechend lange trainiert, bekommt im Laufe der Zeit über sein Unbewußtes Impulse, die ihm die Richtigkeit seiner Arbeit bestätigen.

Natürlich lernen Sie in dieser knappen Darstellung nicht das Rutengehen oder Pendeln. Dies würde den Rahmen des Buches sprengen. Sie sollen aber erkennen, daß Rutengehen ein sinnvoller und zeitgemäßer Beruf ist, der Sie vor schlimmen Krankheiten schützen kann.

Wie schützen Sie Ihre Tiere und Pflanzen?

Vorsorge und Hilfe ist natürlich nicht nur für uns Menschen wichtig, sondern auch für unsere Tiere und Pflanzen. Für Sie ist der richtige Platz genauso notwendig. Deshalb müssen Sie den richtigen Aufenthaltsort für Strahlenflüchter in einer erdstrahlenfreien Zone einrichten und den der Strahlensucher in einer belasteten Zone.

Strahlenflüchter

Wenn Ihr Hund noch über seinen Instinkt verfügt, Erdstrahlen wahrzunehmen, wird er selbst einen freien Platz finden. Im Käfig gehaltene Tiere haben diese Freiheit nicht. Achten Sie auf ihr Verhalten. Wenn Ihr Kanarienvogel nicht mehr singt, steht der Käfig mit Sicherheit in einer Störzone.

Bei Ihrem Meerschweinchen oder Hamster können Sie meist keine Anzeichen für einen erdstrahlenbelasteten Platz finden. Diese Tiere zeigen nur in besonders starken Störzonen Symptome. Deshalb sollten Sie den besten Platz für Ihren kleinen Liebling durch einen Rutengänger finden lassen.

Sollten Sie Stalltiere halten, ist es unbedingt notwendig, die Pferdebox oder den Kuhstall durch einen Fachmann untersuchen zu lassen. Sollte Ihnen auffallen, daß bei diesen Tieren das Fell nicht mehr glänzt, sondern struppig wird, müssen Sie diesen Tieren sofort einen anderen, erdstrahlenfreien Platz zuweisen.

Den Käfig kleinerer Tiere können Sie mit Eichen- oder Fichtenholz gegen Erdstrahlen abschirmen. Eine Holzschicht von 50 cm unter dem Käfig genügt, um eine mittlere Erdstrahlenbelastung umzulenken. Um eine Rinder- oder Schweinebox abzuschirmen, muß ein Rutengänger hinzugezogen werden.

Ihre strahlenflüchtenden Blumen können Sie beobachten. Sobald Sie feststellen, daß trotz guter Pflege und einem passenden Umfeld Blätter braun werden oder nicht mehr treiben, die Blumen Ihre Köpfe hängen lassen, wissen Sie, daß die Pflanzen einer Belastung ausgesetzt sind. Stellen Sie die Pflanzen sofort um. Sollte am neuen Standort nicht innerhalb kurzer Zeit eine Besserung eintreten, ist auch dort Erdstrahlung vorhanden.

Sie sollten nicht zusehen, wie Ihre Pflanzen ihre Pracht verlieren und möglicherweise eingehen. Beauftragen Sie vielmehr einen geprüften Rutengänger mit der Suche nach dem geeigneten Platz. Er kann Ihre Pflanzen auch gegen Erdstrahlung abschirmen.

Strahlensucher

Der Schutz von Strahlensuchern ist naturgegeben etwas einfacher. Als einziges strahlensuchendes Tier in Ihrer Wohnung kann sich die Katze frei bewegen. Sie findet also immer einen Platz zum Ruhen und Schla-

> **Fragen aus der Praxis**
>
> ### Schützt Feng Shui vor Erdstrahlung?
>
> *Feng Shui schützt Sie nicht vor Erdstrahlung. Feng Shui ist eine chinesische Lehre über Harmonie, die sich mit dem bestmöglichen landschaftlichen Standort von Häusern, der idealen Einrichtung und der harmonischsten Landschaftsgestaltung beschäftigt.*
>
> *Feng Shui kann Sie zu mehr Harmonie in Ihrem Leben führen. Dadurch kann sich Ihre Psyche besser auf Ihre Abwehrkräfte auswirken. Die Erdstrahlenbelastung in Ihrem Bettbereich, an Ihrem Arbeits- und Sitzplatz ist aber nach wie vor vorhanden und belastet Sie weiterhin.*

fen, der in einer Störzone liegt – ist die Belastung auch noch so gering. Die Lieblingsplätze Ihrer Katze sind mit Sicherheit strahlenbelastet. Stellen Sie an einen dieser Orte den Katzenbaum. Sie wird ihn immer wieder aufsuchen.

Auch für Ihre strahlensuchenden Pflanzen finden Sie leichter den geeigneten Ort. Denn Ihre Strahlensucher gehen an einer erdstrahlenfreien Zone sehr wahrscheinlich nicht ein. Beobachten Sie die Blätter und die Triebe Ihrer Blumen. Braune Blätter und reduziertes Wachstum zeigen Ihnen, daß die Pflanze falsch steht. Testen Sie verschiedene Orte aus, bis Sie den Platz mit der richtigen Strahlenbelastung gefunden haben. Einfacher und auch für Ihre Pflanze schonender ist es jedoch, einen Rutengänger zu befragen. Er findet schnell den richtigen Platz.

Den bestmöglichen Platz für Ihre Pflanzen finden Sie durch genaue Beobachtung ihres Gedeihens oder mit Hilfe eines Rutengängers.

Gesundheitliche Gefahren durch Elektrosmog

*Sie haben zu Hause einen wunderschönen
hellen Arbeitsplatz, der harmonisch in das Ambiente
des Raumes integriert ist. Weil Sie sehr viel Zeit
an Ihrem Schreibtisch verbringen, haben Sie
das gesamte Zimmer von einem Rutengänger gegen
Erdstrahlen abschirmen lassen.
Dennoch fühlen Sie sich während der Arbeit
oft müde und abgespannt, obwohl Sie zeitig zu Bett
gehen und sich gesund ernähren. Sie finden keine
Erklärung für Ihr Problem, obwohl die Lösung
direkt vor Ihnen liegt. Computer, Lampen, Steckdosen
und andere technische Geräte produzieren sehr
viel Elektrizität, die Ihren Körper auf Dauer belastet.*

*Abbildung linke Seite:
Technische Geräte wie Computer oder
Fernseher produzieren sehr viel Elektrizität,
die den Körper auf Dauer belastet.*

Was ist Elektrosmog?

Elektrische und magnetische Felder bezeichnet man als Elektrosmog.

Unter Elektrosmog verstehen wir die Elektrizität, die uns schaden kann. Dazu zählt fast jede Art von technisch erzeugter Elektrizität. Elektrizität finden Sie in der Atmosphäre (Gewitter) und hin und wieder auch in Ihrer Kleidung. Sie kennen sicherlich die unangenehme Erfahrung, daß Sie beim Verlassen Ihres Wagens oder beim Berühren eines Türgriffs einen leichten Schlag bekommen. In diesem Moment entlädt sich die in Ihrer Kleidung angestaute Spannung.

Die natürlichen elektrischen Vorgänge wie sie sich in unserem Körper, in der Atmosphäre (mit Ausnahme von Blitzschlag) und beim Aufladen eines Kleidungsstückes (die Entladung ist »nur« unangenehm) abspielen, sind für uns keine Gefahr.

Durch die Stromerzeugung, den Stromtransport durch elektrische Leitungen (auch durch die in Ihrem Haus oder Ihrer Wohnung unter Putz verlegten elektrischen Leitungen und Zuleitungen für elektrische Geräte), durch Spannung an elektrischen Leitungen und durch Stromverbrauch entstehen sogenannte Felder. Sie werden in elektrische und magnetische Felder eingeteilt, deren Reichweite von der jeweiligen Stärke und Spannung des Stroms abhängt. Die elektrischen Felder sind immer dann vorhanden, sobald eine Leitung oder ein Gerät unter elektrischer Spannung stehen. Magnetische Felder entstehen erst mit dem Verbrauch elektrischen Stromes, sobald elektrischer Strom in den Leitungen fließt. Diese Felder werden als Elektrosmog bezeichnet. Sie können unseren Gesundheit sehr stark schädigen.

Können Sie Elektrosmog wahrnehmen?

Das Wort »Smog« setzt sich zusammen aus den beiden englischen Begriffen »smoke« (Rauch) und »fog« (Nebel). Die Bezeichnung »Elektrosmog« für die gesundheitsgefährdende Elektrizität ist nicht richtig, weil Sie die dabei ablaufenden physikalischen Vorgänge weder sehen noch fühlen können. Unsere dazu notwendigen Sinne sind verkümmert.

Elektrizität können Sie nur bewußt wahrnehmen, wenn sie so stark ist, daß Sie einen elektrischen Schlag bekommen. Wir wollen aber dennoch an diesem Begriff festhalten, weil er sich durchgesetzt hat.

104

Worin unterscheiden sich Elektrosmog und Erdstrahlen?

Elektrosmog und Erdstrahlen sind verschiedene Arten von Energie mit unterschiedlichen physikalischen Eigenschaften. Erdstrahlung geht immer senkrecht nach oben, Elektrosmog kann sich in alle Richtungen verbreiten. Erdstrahlung können Sie niemals aus Ihrem Leben entfernen, sondern lediglich umlenken (siehe Kapitel »Vorsorge und Hilfe«). Elektrizität hingegen können Sie ableiten, umleiten und sogar abschalten.

Erdstrahlung belastet unsere Gesundheit stärker als Elektrosmog. Eine Wasserader unter Ihrem Bett

Erdstrahlung geht senkrecht nach oben, Elektrosmog verbreitet sich in alle Richtungen.

Fachwissen

Was ist Elektrosmog?

Unter Elektrosmog verstehen wir Wechselfelder, die durch technisch erzeugte Elektrizität entstehen, und unserer Gesundheit schaden. In diesen Feldern gibt es elektrisch geladene Teilchen mit der Eigenschaft, eine Kraft auf einen Körper auszuüben, der sich in ihrem Einflußbereich befindet.

Wechselfelder schwingen in einem gleichbleibenden Rhythmus. Die Anzahl der Schwingungen pro Sekunde wird als Frequenz bezeichnet und in Hertz (Hz) angegeben. Im niederfrequenten Bereich werden elektrische Felder und magnetische Felder unterschieden.

Niederfrequente elektrische Felder
- werden durch elektrische Spannung erzeugt;
- sind vorhanden, sobald eine elektrische Leitung unter Spannung steht, also solange der Stecker in der Steckdose steckt. Natürlich gehen sie auch von der unter Putz liegenden elektrischen Leitung aus. Sie werden über elektrisch leitfähige Materialien weitergeleitet;
- werden in Volt pro Meter (V/m) gemessen;
- lassen sich durch elektrisch leitfähige Materialien sehr gut gegen Erde ableiten;
- nehmen mit zunehmender Entfernung vom Verursacher ab.

Niederfrequente magnetische Felder
- entstehen nur, wenn Strom fließt, also bei Stromverbrauch;
- werden in Nanotesla (nT) und Mikrotesla (µT) gemessen;
- können nicht abgeschirmt werden;
- nehmen mit zunehmender Entfernung vom Verursacher ab.

Hochfrequente elektromagnetische Felder
Ab 30 000 Hertz beginnt der Hochfrequenzbereich. Hier sind die elektrischen und die magnetischen Felder untrennbar miteinander verbunden. Die hochfrequenten elektromagnetischen Felder
- breiten sich wellenförmig aus und können zu Strahlen gebündelt werden. Man spricht dann von Richtfunk;
- werden von Sendeantennen wellenförmig abgestrahlt;
- werden in Watt pro Quadratmeter (W/m^2) gemessen;
- werden mit der Entfernung und durch Berge abgeschwächt; sie werden auch durch Metallbleche in ihrer Wirkung etwas geschwächt.

ist eine gravierendere gesundheitliche Gefährdung als die Belastung eines unter Spannung stehenden Verlängerungskabels hinter Ihrem Bett.

Leichte Beschwerden wie Augenbrennen oder Druck im Kopfbereich durch Elektrosmog klingen in der Regel innerhalb von wenigen Minuten bis Stunden wieder ab, wenn Sie elektrische Geräte abschalten oder sich nicht mehr in der Nähe der Belastungszone aufhalten.

Wie oft haben Sie bei einer Autofahrt durch die Täler der Eifel, des Odenwaldes oder des Schwarzwaldes den Sender in Ihrem Radio verloren?

In den Tälern unserer Mittel- und Hochgebirge gibt es kaum Elektrosmog, weil die Berge die Funkimpulse von vielen Sendern abhalten. Wenn wir durch ein Gebirgstal wandern, können wir uns von Elektrosmog erholen.

Was haben Elektrosmog und Erdstrahlen gemeinsam?

Erdstrahlen und Elektrosmog sind ein erhebliches Risiko für die Gesundheit von Mensch, Tier und Pflanze. Beide Formen der Energie

schwächen auf Dauer unser Abwehrsystem. Treffen wir keine entsprechenden Vorkehrungen, können ernsthafte Erkrankungen die Folge sein.

Sie sollten sich in jedem Fall über Nacht von Erdstrahlung und Elektrosmog befreien. Dann können Sie die Belastungen, denen Sie tagsüber ausgesetzt sind, bedeutend besser bewältigen.

Dennoch ist es wichtig, daß Sie die täglichen Belastungen ebenfalls meiden, um sich Vitalität und Leistungsfähigkeit zu erhalten.

Wenn Sie sich die Gefahren von Erdstrahlung und Elektrosmog bewußt machen und entsprechende Vorkehrungen treffen, dann dürften Sie kaum Schäden für Ihre Gesundheit zu befürchten haben.

Fallbeispiel

Ein Mann von 52 Jahren hatte seit Jahren starke Verspannungen im Kopf-/Schulterbereich, die seit 15 Monaten mit häufigen Kopfschmerzen und einer schmerzenden rechten Schulter verbunden waren. Er ließ sein Schlafzimmer nach Elektrosmog untersuchen und diesen beseitigen. Seine Beschwerden linderten sich daraufhin, sie verschwanden aber nicht. Erst eine Untersuchung auf Erdstrahlung und die Abschirmung der Betten gegen Erdstrahlung bewirkte Schmerzfreiheit innerhalb von 8 Tagen.

Wie wirkt Elektrosmog auf den Menschen?

Unser Körper ist nicht nur elektrisch leitfähig, sondern »funktioniert« sogar elektrisch. Wenn Ihr Arzt für Sie ein EKG oder ein EEG erstellt, werden elektrische Spannungen und Ströme im Körper gemessen. Die Elektrizität in unserem Körper ist teilweise um das Millionenfache schwächer als der uns täglich belastende Elektrosmog.

Was geschieht, wenn Sie eine Glühbirne von 1,5 Volt Spannung (eine Glühbirne der Fahrradlampe) mit 10 Volt belasten? Sie wird durchbrennen. Wenn Elektrosmog Mensch, Tier oder Pflanze bedroht, kommt es nur deshalb nicht zu einem Zusammenbruch, weil Lebewesen mit Hilfe ihres Abwehrsystems die Felder bis zu einer ungewissen Stärke (sie wird durch Grenzwerte festgelegt, die meist überhöht angesetzt sind) über unbestimmte Zeit hinweg verkraften können. Wenn dann das Abwehrsystem ermüdet, werden Krankheiten ausgelöst.

Die medizinische Forschung hat in diesem Jahrhundert so viele wichtige Erkenntnisse gewonnen wie nie zuvor. Es sind hervorragende Wirkstoffe wie Penicillin und Cortison entwickelt worden. Die Seuchenerkrankungen früherer Zeiten sind wirksam bekämpft worden. Die Überlebenschance bei schweren Unfällen ist heute gegenüber früher enorm gestiegen.

Dennoch sind sehr viele Menschen krank. Allergien, Neurodermitis, Schuppenflechte, Erkrankungen des Herz-Kreislauf-Systems, rheumatische Erkrankungen, Alzheimer oder undefinierbare Störungen des Wohlbefindens treten sehr häufig auf. Leider wollen wir uns oftmals nicht eingestehen, daß sowohl Erdstrahlung als auch Elektrosmog ein wesentlicher Grund für die Erkrankungen sein können. Es fällt uns schwer, beide Formen der Energie als Krankheitsursache anzuerkennen.

Sicherlich benötigen wir elektrischen Strom, wir wollen ihn nicht mehr missen, wir sind auf ihn angewiesen. Wenn Sie keinen Strom mehr haben, funktioniert in Ihrem

Wir können Elektrosmog über längere Zeit verkraften, wenn unser Abwehrsystem funktioniert.

Fragen aus der Praxis

Wie groß sollte der Abstand zum Fernseher sein?

Der Abstand zum Fernseher sollte so groß wie möglich sein. Die Regel lautet: Die Diagonale des Bildschirms × 10. Sie sollten Ihr Fernsehzimmer so einrichten, daß Sie diesen Abstand in etwa einhalten können.

Elektrosmog
begleitet uns zu
jeder Tageszeit.

Haushalt nichts mehr. Müssen wir deshalb die Augen vor seinen schädigenden Auswirkungen schließen?

Gesundheitliches Risiko durch Elektrosmog

Führen Sie einmal folgenden Versuch durch: Lassen Sie durch einen Fachmann Ihren Bettbereich so verändern, daß er frei von Elektrosmog und Erdstrahlung ist. Schlafen Sie dann einen Monat ohne Belastung. Im Anschluß legen Sie sich nachts einige Verlängerungskabel, die unter Spannung stehen, über Ihre Matratze und Bettdecke. Sie werden innerhalb kurzer Zeit in bezug auf Ihr Wohlbefinden und die Qualität Ihres Schlafes einen Unterschied bemerken.

Sieht Ihr Tagesablauf folgendermaßen aus? Sie benutzen morgens nach der Dusche den Fön, um rechtzeitig zur Arbeit zu kommen. Ihre Zähne putzen Sie mit einer elektrischen Zahnbürste. Die Hörnchen für das Frühstück backen Sie in der Mikrowelle, der Kaffee läuft durch die elektrische Kaffeemaschine. Während der Fahrt zur Arbeit hören Sie Radio. In der Arbeit sitzen Sie den ganzen Tag vor einem PC, über Ihnen brennt ständig Licht aus Halogen- oder Neonröhren, zusätzlich läuft noch das Radio. Nach der Arbeit hetzen Sie schnell zum Arzt, weil Ihre Hautallergie einfach nicht abklingen will. Wieder zu Hause kochen Sie am Herd ein leckeres Essen oder benutzen wieder die Mikrowelle. Danach gönnen Sie sich die wohlverdiente Entspannung

---

Fachwissen

Typische Symptome durch Elektrosmogbelastung

- Allergien
- Augenbrennen
- Erschöpfungszustände
- Gereiztheit
- geringe Belastbarkeit
- Herzrhythmusstörungen
- Konzentrationsschwierigkeiten
- Kopfschmerzen (durch einen Bildschirm)
- Leistungsverlust
- leichter, nur oberflächlicher Schlaf
- Neigung zum Schwitzen
- Nervöse Beschwerden
- Schlafstörungen
- Schwäche
- Sehbeschwerden
- ständige Müdigkeit
- Überreizung des Nervensystems
- Verspannung der Augen vor dem Bildschirm

Einige dieser Symptome treten auch durch Erdstrahlenbelastung auf. Dennoch dürfen Sie die Auswirkungen von Elektrosmog auf keinen Fall unterschätzen.

und hören Musik oder sehen sich im Fernsehen einen spannenden Film an. Vor dem Zubettgehen benutzen Sie wieder die elektrische Zahnbürste.

Sicherlich ist dieser Ablauf ein wenig konstruiert, aber gewiß nicht unwahrscheinlich. Wichtig daran ist, daß Sie während des gesamten Tages ständiger Elektrosmogbelastung ausgesetzt waren. Können Sie sich jetzt die Auswirkungen vorstellen, wenn Sie Monate, Jahre oder Jahrzehnte ungeschützt dieser Energie ausgesetzt sind?

Fallbeispiel

Eine Frau litt seit einiger Zeit morgens an geschwollenen Augenlidern. Eine Untersuchung des Schlafzimmers auf Elektrosmog ergab eine elektrische Belastung sowie eine äußerst starke Magnetfeldbelastung durch den Radiowecker, der sehr dicht am Kopf stand. Das Bett war frei von Erdstrahlung. Nachdem der Elektrosmog beseitigt war, hatte die Frau keine Probleme mehr mit Ihren Augenlidern.

Gerade Allergien haben mit einem Anstieg der Elektrosmogbelastung in unserem Umfeld ständig zugenommen. Wie viele Personen kennen Sie in der Familie, unter Ihren Freunden und Bekannten, die an Hausstauballergie, Allergien auf Lebensmittel wie Tomaten, Erdbeeren, Zitrusfrüchte und Gewürze oder Allergien auf Waschpulver, Seife oder Parfum leiden?

Die genannten Symptome klingen innerhalb von Stunden oder Tagen wieder ab, wenn der davon betroffene Mensch nicht mehr durch Elektrosmog belastet ist oder wenn die Stärke von Elektrosmog und eventuell vorhandener Erdstrahlung unter der Reaktionsschwelle der Person liegen. Bis sich Allergien völlig zurückbilden und ausgeheilt werden, können allerdings Jahre vergehen.

Elektrosmog kann leider auch zu schwereren Krankheiten führen.

Sie haben bestimmt schon gehört, daß durch Hochspannungsleitun-

Allergien haben mit dem Anstieg der Elektrosmogbelastung ständig zugenommen.

Schützen uns die Grenzwerte nicht?

Durch Grenzwerte soll das Leben und die Gesundheit des Menschen vor Schaden bewahrt und die Umwelt geschützt werden. Die Festlegung der Grenzwerte gründet aber nicht alleine auf medizinische und ökologische Erkenntnisse. Sie ist häufig ein mehr oder weniger schlechter Kompromiß nach Abwägung der Interessen aus Wirtschaft und Industrie. In den Gremien zur Festlegung von Grenzwerten sind die Vertreter aus Wirtschaft und Industrie in weit größerer Anzahl vertreten als diejenigen von Gesundheitsbehörden oder Umweltschutz. Es gibt auch keine gesetzlichen Bestimmungen, die die Gewichtung gesundheitlicher Aspekte vorschreiben. Dadurch bleiben die Ziele von Gesundheits- und Umweltschutz gegenüber den wirtschaftlichen und industriellen Interessen auf der Strecke.
Wegen dieser lockeren Handhabung sollten Sie Elektrosmog meiden, wo immer es Ihnen möglich ist.

Mikrowellen wind eine Art von Elektrosmog.

gen unsere Gesundheit sehr belastet werden kann. Elektromagnetfelder wie sie in der Nähe von Hochspannungsleitungen oder Leitungen, die zur Hausstromversorgung über die Dächer der Häuser verlegt sind, können Leukämie und andere Krebserkrankungen auslösen. Wußten Sie, daß in Schweden bei Elektrofacharbeitern Krebs als Berufskrankheit gilt?

Wußten Sie, daß seit Herbst 1995 in vielen Krankenhäusern die Benutzung eines Handys verboten ist? Der Frequenzbereich von Funktelefonen liegt nämlich im Mikrowellenbereich. Viele medizinische Geräte reagieren auf diese Frequenz. Die ständige Benutzung eines Handys kann in schlecht durchbluteten Organen zu Hitzestauungen und Herzrhythmusstörungen führen. Insbesondere sind Ihre Augenlinsen gefährdet. Die Sehlinse besitzt wegen ihrer schlechten Durchblutung eine geringe Wärmeableitung. Durch die Wärmeeinwirkung der Mikrowellen kann es zur Gerinnung von Eiweis in der Linse und damit zu Grauem Star kommen.

Leider nehmen Sie die Wärme, die von Mikrowellenstrahlung ausgeht, nicht wahr, weil die Wärme nicht in der Haut, sondern im Körperinne-

---

Fachwissen

Schwere Erkrankungen, die durch Elektrosmog ausgelöst werden können

- *Alzheimer*
- *EEG-Veränderungen*
- *EKG-Veränderungen*
- *funktionelle Störungen des vegetativen Nervensystems*
- *funktionelle Störungen des Zentralnervensystems*
- *Grauer Star*
- *Herabsetzung der Reizbarkeit und funktionellen Beweglichkeit des Nervenmuskelapparats der Hand*
- *Herzrhythmusstörungen*
- *labiler Blutdruck*
- *labiler Puls*
- *Leukämie*
- *Potenzstörungen*
- *rheumatische Erkrankungen*

- *Schwermetallbelastungen*
- *Veränderung des PH-Wertes von Körperflüssigkeiten*

Wie Sie sehen, kann auch Elektrosmog zu vielen schweren Krankheiten führen. Da Sie den ganzen Tag der Belastung ausgesetzt sind, ist es besonders wichtig, daß Sie sich während des Schlafes davon erholen können.

Wenn Sie zumindest frei von elektrischen Feldern schlafen, können Sie die täglichen Belastungen zu Hause und am Arbeitsplatz bedeutend besser verkraften. Besser noch sollten Sie Elektrosmog reduzieren, wo immer sich die Gelegenheit dazu bietet (siehe Seite 113ff.).

ren entsteht. Ihr Empfindungsvermögen ist auf Ihre Haut beschränkt. Elektrosmog kann sich auch auf Geräte wie Herzschrittmacher und Insulinpumpen auswirken, die im Körper getragen werden. Deshalb sollten Sie, falls Sie eines dieser Geräte tragen, um Nachtspeicheröfen, um elektrische Fußbodenheizungen, um Schweißapparate und um Hochspannungsleitungen einen großen Bogen machen.

Haben vielleicht auch Sie beim Erwachen am Morgen einen leichten metallenen Geschmack im Mund? Menschen, die mit Amalgam- oder Goldplomben in elektrischen Feldern (stärker als 40 V/m) schlafen, oft einen metallenen Geschmack im Mund. Die chemische Struktur von Amalgamplomben verändert sich durch den Einfluß von Elektrosmog. Dadurch wird Amalgam aus den Plomben frei und gelangt in unseren Körper. Die Folge sind starke Belastungen.

Diesen Risiken sind wir natürlich überall ausgesetzt, auch im Urlaub. Wie oft konnten wir schon in der Nähe unseres Hotels oder unserer Pension Hochspannungsleitungen, starke Sender oder Leitungen vorfinden, die den Strom über die Dächer in die Häuser leiten. Diese Einflüsse an unserem Erholungsort

gilt es im voraus abzuklären, damit wir uns wirklich entspannen und die Ferien richtig genießen können.

Halten Sie Sicherheitsabstand zu elektronischen Geräten und Anlagen.

Fallbeispiel

Eine junges Ehepaar litt an Schlafstörungen. Sie hatten von der schädlichen Auswirkung von Elektrosmog gehört und ließen von einem Elektriker in den Stromkreis des Schlafzimmers einen Netzfreischalter einbauen. Die Maßnahme änderte leider nichts an den Schlafstörungen.

Eine Nachmessung ergab sehr starke elektrische Felder, die vom Stromkreis der Küche und des Wohnzimmers herrührten. Nachdem diese Felder mit einem zusätzlichen Netzfreischalter abgeschaltet wurden, konnte der Mann durchschlafen, die Frau noch nicht.

Eine Überprüfung des Schlafzimmers ergab noch eine starke Erdstrahlenbelastung. Das Bett wurde daraufhin gegen Erdstrahlung abgeschirmt. Danach konnte auch die Frau endlich durchschlafen.

Fragen aus der Praxis

Wie groß müssen die Sicherheitsabstände zu elektrotechnischen Anlagen oder Geräten sein?

Diese Sicherheitsabstände sind für die Bevölkerung nur für Hochfrequenzanlagen von Bedeutung. Aber selbst diese Abstände sollten mindestens mit fünf multipliziert werden, um sicher zu gehen. Im Niederfrequenzbereich sind die Sicherheitsabstände so gering festgelegt, daß sich praktisch keine Sicherheitzonen daraus ergeben. Auf keinem Haushaltsgerät finden Sie einen Vermerk zum Sicherheitsabstand. Es ist auch erlaubt, Kindergärten, Schulen und Wohnhäuser unter Hochspannungsleitungen zu bauen. Eine Ausnahme macht die Hansestadt Hamburg. Sie sieht einen Sicherheitsabstand von 50 Metern vor. Selbst für gewerbliche und industrielle Anlagen gibt es keine Sicherheitsabstände.

111

Wie wirkt Elektrosmog auf Tiere?

Tiere können durch Elektrosmog genauso erkranken wie Menschen. Über die Auswirkungen bei Pflanzen ist wenig bekannt.

Haben Sie an Ihrem Hund, Ihrem Kanarienvogel oder Ihrer Katze schon Auswirkungen von Elektrosmog festgestellt? Höchstwahrscheinlich noch nicht, denn Tiere sind weniger belastet als wir Menschen. Der Kanarienvogel hat keine Elektroheizung in seinem Käfig, der Hund hat keine Lampe an seinem Körbchen, die Katze sitzt tagsüber nicht vor einem PC.

Dennoch können Tiere genauso krank werden wie Menschen. Versuche mit Hunden, Hühnern oder Mäusen haben die Empfindlichkeit gegenüber Elektrosmog aufgezeigt.

Fallbeispiel

Ein Viehzüchter verlegte durch seinen Schweinestall eine Starkstromleitung. Die Tiere, die der Leitung näher als 1 Meter kamen, wurden nach kurzer Zeit sehr nervös. Deshalb verlegte der Züchter die Leitung so, daß sie mindestens 3 Meter von allen Tieren entfernt war. Die Tiere verhielten sich in der Folge wieder ruhig.

Bei Hunden wurde die Einwirkung auf das Nervensystem untersucht. Je nach Frequenz und Stärke der Felder wurde das Reaktionsvermögen der Tiere verändert. Bei Hühnern untersuchten Wissenschaftler die Einwirkung auf das befruchtete Ei. Sie fanden Mißbildungen bei den Küken heraus. Bei Mäusen beobachtete man die Einwirkung auf das Immunsystem. Dieses wird durch den Einfluß von Elektrosmog geschädigt.

Achten Sie deshalb darauf, daß auch Ihre Tiere frei von Elektrosmog untergebracht werden.

Wie wirkt Elektrosmog auf Pflanzen?

Wissen Sie, daß auch Pflanzen elektrisch »funktionieren«? Ihr Stoffwechsel findet auf elektrochemischer Basis statt. Deshalb sind auch Pflanzen grundsätzlich durch Elektrosmog gefährdet. Über die Auswirkung der Belastungen ist jedoch kaum etwas bekannt.

Allerdings gibt es Wissenschaftler, die das Waldsterben unter anderem auf Funkbelastung zurückführen. Die absterbenden Bäume stehen nämlich nicht entlang unserer Autobahnen oder im Rhein-Main-Gebiet, sondern auf den Höhenlagen unserer Mittel- und Hochgebirge. Aufgefangene Richtfunkwellen werden in den Boden abgeleitet, was zu einer Versauerung des Waldbodens führen kann. Daran gehen dann die Bäume zugrunde.

Fallbeispiel

Ein Baum, der unter einer elektrischen Hausversorgung wuchs, deren Leitungen über die Dächer führte, versuchte der Leitung auszuweichen. Die Spitze wuchs in einem Abstand von etwa 20 Zentimetern um die Leitung herum.

Wie können Sie sich vor Elektrosmog schützen?

Da Elektrosmog Ihre Gesundheit sehr gefährden kann, müssen Sie ihn meiden, wo sie nur können. Dazu ist es notwendig, Ihren Bettbereich so zu gestalten, daß sie frei von Elektrosmog schlafen können. Deshalb sollten Sie einen Fachmann mit dem Ausmessen der elektrischen Felder beauftragen. Er kann genau sagen, wie der Elektriker den Elektrosmog an die Erdung des Hauses ableiten, mit leitfähigen Materialien umleiten oder die Stromkreise abschalten muß.
Wenn Sie die Belastungen nicht nachmessen lassen und einen Elektriker mit der Stromfreischaltung Ihres Schlafzimmers beauftragen,

sind Sie in den meisten Fällen während der Nachtruhe dennoch durch Elektrosmog belastet, weil elektrische Felder aus anderen Räumen oder von außerhalb der Wohnung in den Bettbereich hineingelangen. Elektriker messen normalerweise die Belastungen nicht nach.

Elektrosmog-Fachleute messen die elektrischen Felder in Ihrer Wohnung und beraten Sie, wie Sie sich vor Elektrosmog schützen können.

Fallbeispiel

Ein 68jähriger Mann litt seit einigen Monaten unter starken Schlafstörungen. Eine Bettplatzuntersuchung nach Erdstrahlung ergab keine Belastung. Elektrosmog war jedoch vorhanden. Von der Schlafzimmerwand war eine starke Abstrahlung der verlegten Leitungen festzustellen. Auf dem Nachttisch stand neben der Lampe noch ein Radiowecker. Unter dem Bett befand sich im Brustbereich ein Motor, um den Lattenrost zu verstellen. Von diesem Motor ging eine extreme elektromagnetische Belastung aus. Das Schlafzimmer wurde nach der Untersuchung so verändert, daß der Mann auf seinen Komfort nicht verzichten mußte, aber frei von Elektrosmog wieder durchschlafen konnte.

Fragen aus der Praxis

Kann Erdstrahlung unserem Meerschweinchen schaden?

Tiere reagieren noch sensibler auf Elektrosmog als Menschen. Starker Elektrosmog kann sich bei Tieren leicht auf die Keimzellen auswirken und damit zur Unfruchtbarkeit führen. Wenn der Käfig der Meerschweinchen direkt neben einem Nachtspeicherofen oder auf dem Boden, in dem eine elektrische Fußbodenheizung verlegt ist, untergebracht ist, können die Tiere nach kurzer Zeit an Krebs erkranken.

113

Sie können elektrische Felder nachts völlig vermeiden. Tagsüber geht das nicht.

Nachts können Sie elektrische Felder völlig vermeiden, wenn Sie den Strom abschalten. Tagsüber geht das nicht. Sie können jedoch seinen Einfluß reduzieren, indem Sie folgendes im Umgang mit Elektrogeräten beachten.

- Trafostationen sind meist sehr belastend. Richten Sie die Schlafräume so weit wie möglich davon entfernt ein.

- Richten Sie Ihre Hauselektrik so ein, daß Sicherungs- und Zählerkästen in den Keller gelegt werden. Sie sollten nicht unter den Schlafzimmern, sondern auf der anderen Hausseite angebracht werden. Es ist wichtig, daß Sie keine Sitzplätze, Spielplätze für Ihre Kinder und weitere Aufenthaltsplätze neben Zählerkästen und Steigleitungen anlegen.

- Verzichten Sie auf Heizdecken und Heizkissen. Wenn Sie in einem Wasserbett schlafen, sollten Sie es tagsüber aufheizen. Ziehen Sie vor dem Schlafen den Netzstecker aus der Steckdose.

- Verzichten Sie auf jede Art von Elektroheizungen – sowohl auf Nachtspeicheröfen als auch auf Fußbodenheizungen. Falls Sie eine solche Heizung besitzen, dann lassen Sie sie im Schlafzimmer nach Möglichkeit über Nacht ausgeschaltet. Heizen Sie mit der Fußbodenheizung die Wohnräume über Nacht auf, und schalten Sie nach Möglichkeit tagsüber ab.

- Auf Halogenlampen sollten Sie verzichten. Der Transformator und die Art der Leitungsverlegung sorgen für starke Elektromagnetfelder. Halten Sie mindestens 1,5 Meter Abstand. Diesen Abstand sollten Sie auch zu Leuchtstofflampen und Energiesparlampen einhalten.

- Lassen Sie Ihre Kinder nach Möglichkeit nicht am Computer spielen. Achten Sie beim Bildschirm auf die MPR-III-Norm. Wenn Sie mehrere Stunden am Tag vor dem Bildschirm arbeiten, sollten Sie sich die TCO'95-Norm leisten.

- Schließen Sie Elektrogeräte wie Fernseher, Videorecorder, Radio- und Stereoanlage, die mit anderen Spannungen als der Netzspannung betrieben werden, immer nur bei Gebrauch mit dem Stecker ans Netz an. Danach entfernen Sie sie wieder vom Netz. Benutzen Sie zum Beispiel eine Mehrfachsteckerleiste, die Sie abschalten können. Das erspart Ihnen Geld und reduziert die Belastung in Ihrer Umgebung.

114

- Achten Sie in Ihrem Kinderzimmer darauf, daß das Babyphon mindestens 2 Meter vom Kinderbett entfernt steht. Walkie-Talkies sind kein Kinderspielzeug. Die davon ausgehenden Felder belasten Babys und Kinder zu stark.

- Ihr Radiowecker sollte mindestens 1,5 Meter vom Bett entfernt stehen.

- Halten Sie von Ihrer Mikrowelle während des Betriebs großen Abstand. Lassen Sie sie ein bis zweimal pro Jahr auf Leckstrahlung überprüfen.

- Benutzen Sie statt Elektrorasierer und elektrischer Zahnbürste besser wieder Rasierklingen und normale Zahnbürsten.

- Verzichten Sie auf Elektrogeräte wie Dosenöffner oder Brotschneidemaschine, die in der Küche nicht unbedingt notwendig sind.

- Verzichten Sie auf Handy-Telefone. Achten Sie bei portablen Geräten auf einen Mindestabstand der Sendeeinheit von wenigstens 60 Zentimetern zum Körper.

- Schnurlose Telefone mögen für kurze Benutzung in Ordnung sein. Verwenden Sie für längere Gespräche doch besser den gewöhnlichen Telefonapparat mit Leitung.

- Verzichten Sie auf einen Kopfhörer, wenn Sie auf Ihrer Stereoanlage eine Schallplatte oder CD hören wollen.

- Halten Sie Verlängerungskabel so kurz wie möglich. Lassen Sie die aufgerollten Leitungen so weit wie möglich von Ihnen entfernt liegen.

- Achten Sie bei der Arbeit mit Laptops darauf, daß der Transformator so weit wie möglich von Ihnen entfernt steht. Bündeln Sie lose Zuleitungen von Lampen und anderen elektrisch betriebenen Arbeitsgeräten am Schreibtisch zusammen, und umwickeln Sie die Kabel mit elektrisch leitfähiger Folie. Diese muß geerdet werden (sollte auf jeden Fall der Fachmann durchführen).

Sie vermeiden Elektrosmog, wenn Sie elektrische Geräte möglichst wenig benutzen.

Fragen aus der Praxis

Können Pflanzen durch Elektrosmog im Haus erkranken?

Normalerweise wirken sich die üblichen 50-Hertz-Felder, wie wir sie in Haus oder Wohnung haben, nicht erkennbar auf unsere Pflanzen aus. Strahlung wie sie jedoch aus dem Fernsehgerät oder der Mikrowelle kommt, kann zum Eingehen führen. Achten Sie darauf, daß Ihre Pflanzen nicht in der Nähe starker Elektrosmogverursacher wie Fernseher oder Mikrowelle stehen.

115

Die Elektro-smogbelastung ist in Wohn-gebieten meistens höher als auf dem Land.

Meiden Sie die Nähe von Freileitungen.

Fachwissen

Der Netzfreischalter

Der Netzfreischalter ist eine Automatik, die normalerweise in den Sicherungskasten eingebaut wird. Sie kann aber auch vor die Verteilerdose des betreffenden Zimmers geschaltet an der Verteilerdose installiert werden. Der Netzfreischalter reduziert die Netzspannung von 220 Volt Wechselspannung auf ca. 5 bis 10 Volt (je nach Modell) Gleichspannung, wenn kein Strom in dem Stromkreis, in den er geschaltet ist, verbraucht wird.

Durch die Überwachungsspannung von 5 bis 10 Volt Gleichspannung entsteht kein Elektrosmog. Sie wird benötigt, damit jederzeit bei Einschalten eines elektrischen Gerätes die 220 Volt Wechselspannung zur Verfügung stehen. Sie können also beim Schlafengehen die Nachttischlampe ausschalten, und der Netzfreischalter nimmt die Netzspannung zurück. Wenn Sie irgendwann während der Nacht wieder Licht benötigen, drücken Sie wie gewohnt den Schalter der Nachttischlampe, und Sie haben sofort wieder Licht.

- Halten Sie wie folgt Abstand von Hochspannungsleitungen:
  bei 380 KV   500 Meter
  bei 220 KV   300 Meter
  bei 110 KV   200 Meter
- Bei einem Umzug oder einem Bau eines Hauses sollten Sie sich von einem Fachmann beraten lassen, um Elektrosmog bereits in der Planung zu vermeiden.
- Sie sollten jeden Tag mindestens eine Stunde über freie Felder oder durch den Wald laufen, um sich dadurch von Elektrosmog zu erholen. Laufen Sie nicht über Gehwege, denn in Ihnen verlaufen Kabel der örtlichen Stromversorgung, und meiden Sie Hochspannungsleitungen.
- In einem älteren Haus können Sie Elektrosmog durch den Einbau von Netzfreischaltern vermeiden. Der Netzfreischalter wird normalerweise in den Sicherungskasten eingebaut, so entstehen bei der Installation keine Schäden an Wänden oder Tapeten. Er ist schnell und preiswert installiert. Allerdings ist der Netzfreischalter nachträglich nicht in allen Häusern oder Wohnungen einzubauen, weil elektrische Felder von Stromkreisen herrühren, die Sie nicht abschalten können.

Warum brauchen Sie einen Fachmann?

Die meisten Handgriffe, um Elektrosmog zu reduzieren, können Sie selbstverständlich leicht selbst ausführen. Wissen Sie aber wie stark die Kabel in Ihren Wänden belasten?

Elektrische Felder sind schon vorhanden, sobald eine Leitung unter Spannung steht. Folglich gehen von den elektrischen Kabeln in den Wänden elektrische Felder aus. Die Stärke dieser Felder kann Ihnen nur ein Fachmann ausmessen. Er kann Ihnen auch sagen, von welchen Stromkreisen diese Felder herrühren und wie sie zu vermeiden sind.

Meist ist dies mit Netzfreischaltern möglich. Oft muß aber auch mit anderen Methoden gearbeitet werden. Ein Fachmann kann Ihnen darüber Auskunft geben und Sie nach den Vorschriften beraten.

Sie sollten auch Ihren Arbeitsplatz von einem Elektrosmogexperten überprüfen lassen. Seine Beratung sichert Ihnen eine höchstmögliche Minderung des vorhandenen Elektrosmog.

Nur ein Fachmann kann Ihnen sagen, wie Elektrosmog auftritt und wie Sie sich schützen können.

Fragen aus der Praxis

Sind wir durch unsere Nachtspeicheröfen gefährdet?

Nachtspeicheröfen sind während der Ladezeit über Nacht eine sehr große Gefahr für unsere Gesundheit. Während der Ladezeit entstehen sehr starke Elektromagnetfelder, die größer sind als diejenigen einer 380 000 Volt Hochspannungsleitung, die 80 Meter am Haus vorbeiführt. Deshalb lassen Sie den Heizkörper für Ihr Schlafzimmer ausgeschaltet. Heizen Sie durch die offene Tür.

Auch elektrisch betriebene Fußbodenheizungen entwickeln sehr starke Elektromagnetfelder. Sie sollten während der Nacht die Heizung im Schlafzimmer abschalten. Tagsüber sollten Sie die Heizung in anderen Zimmern abschalten, während Sie sich in ihnen aufhalten.

Glossar

Currygitternetz	Nach Dr. Manfred Curry. Ein Netz von Energielinien, die von Nordosten nach Südwesten und von Südosten nach Nordwesten verlaufen.
Depolarisation	Zusammenfall von Magnetkräften.
Drillwuchs	Wenn der Stamm eines Baumes sich während des Wachstums verdreht. Wird auch als Korkenzieherwuchs bezeichnet.
Elektrische Felder, niederfrequente	Der Zustand, der im Raum durch elektrische Ladungen mit einer Schwingung von 0,1 bis 30 000 Hertz erzeugt wird.
Elektrische Spannung	Die Differenz der Elektronen zwischen dem stromführenden Leiter und einem Nichtleiter.
Elektronen	Negativ geladene Teilchen mit einer elektrischen Ladung.
Elektromagnetische Felder, hochfrequente	Ab 30 000 Hertz sind die magnetischen und die elektrischen Felder untrennbar verbunden. Sie pflanzen sich wellenförmig fort und werden deshalb auch als elektromagnetische Wellen bezeichnet.
Elektrosmog	Jede Art von Strahlung, die bei der Erzeugung, dem Transport und dem Verbrauch von Strom in das Umfeld gelangt.
Erdstrahlung	Energie, die senkrecht nach oben steigt und durch Wasseradern, Gesteinsbrüche, Gesteinsverwerfungen und Gitternetzpunkte erzeugt wird.
Frequenz	Die Schwingungszahl der vollen Schwingungen eines sich regelmäßig wiederholenden Vorgangs in einer Zeiteinheit.
Geomantie	Erforschung der Energie von Kultplätzen.

Gesteinsbruch	Bewirkt eine Art von Erdstrahlung durch Risse im Boden, die oft mit senkrechten Gesteinsverschiebungen verbunden sind.
Gesteinsverwerfung	Bewirkt eine Art von Erdstrahlung, die mit einer Gesteinsverwirbelung verbunden ist.
Gitternetzpunkt	Der Kreuzungspunkt zweier Netzgitterlinien des gleichen Netzes.
Gleichstrom	Elektrischer Strom ohne Schwingung.
Globalgitternetz	Ein Netz von Energielinien, die von Norden nach Süden und von Osten nach Westen verlaufen. Wird nach Dr. Hartmann auch als Hartmann-Netz bezeichnet.
Hertz	Die Einheit, in der die Frequenz pro Sekunde angegeben wird.
Kluft	Der Raum zwischen gerissenen Gesteinsschichten.
Korkenzieherwuchs	Wenn sich der Stamm eines Baumes beim Wachstum in sich dreht.
Korrelative Steuerung	Gegenseitige Steuerung.
Krebsknoten	Zellwucherung an Bäumen.
Magmastrahlung	Strahlung, die vom flüssigen Erdkern ausgeht.
Magnetische Felder, niederfrequente	Durch Stromfluß in elektrischen Leitern entsteht ein Magnetfeld. Dieses schwingt mit der Schwingung des fließenden Stromes. Es entsteht nur bei einer Frequenz zwischen 0,1 bis 30 000 Hertz.
Muten	Die Arbeit mit der Wünschelrute.
Radiästhesie	Das Arbeiten mit Rute, Pendel und feinstofflichen Energien.

Schiefwuchs	Wenn ein Baum oder eine andere Pflanze durch schrägen Wuchs versucht, der Erdstrahlenbelastung zu entgehen.
Störzone	Ein Platz, der erdstrahlenbelastet ist.
Strahlenflüchter	Lebewesen, die Erdstrahlung von mehr als 700 Reizeinheiten zum Ruhen und Schlafen meiden.
Strahlensucher	Lebewesen, die Erdstrahlung von mehr als 700 Reizeinheiten bevorzugen.
Volt	Bezeichnet die elektrische Spannung.
Wasserader	Fließendes Wasser, das durch Erdreich behindert wird.
Wassertriebe	Die Triebe an einem Baum, die kein Fruchtholz treiben.
Wechselfelder	Elektrische Felder, in denen sich die Ladung der Teilchen je nach Frequenz ständig ändert.

Literaturverzeichnis

Literatur zu Erdstrahlen

Freiherr von Pohl
Erdstrahlen als Krankheits-
und Krebserreger
ESO-Verlag
1996

Das Buch beschreibt die Zusammenhänge zwischen Erdstrahlung und Erkrankungen, insbesondere Krebs. Anhand vieler Fallbeispiele wird der Einfluß von Erdstrahlung auf die menschliche Gesundheit, aber auch auf die Gesundheit von Tieren und Pflanzen dargestellt.

Käthe Bachler
Erfahrungen
einer Rutengängerin
Veritas Verlag 1995

Das Buch beschreibt, welche Einflüsse Erdstrahlung auf die menschliche Gesundheit ausüben. Überwiegend werden Fallbeispiele von erkrankten Menschen geschildert, denen es nach der Bettumstellung besser geht.

O. Bergsmann
Risikofaktor Standort
Facultas Verlag
1991

Das Buch schildert eine Untersuchung, die in den Jahren 1988 bis 1989 an der Universität Wien mit Unterstützung des Wohnbau- Forschungsfond des Österreichischen Bundesministeriums für wirtschaftliche Angelegenheiten durchgeführt wurde. Dies ist die erste wissenschaftliche Untersuchung, die groß angelegt die Auswirkungen von Erdstrahlung auf einzelne Körperreaktionen im menschlichen Organismus untersucht.

Dr. Milan Ryzl
ASW Training
außersinnlicher
Wahrnehmungen
Ariston Verlag 1983

Das Buch zeigt auf, daß wir Menschen über mehr als die uns bekannten Sinne verfügen. Es beschreibt, wie Sie diese Sinne aufspüren und entwickeln können. Sie lernen geistige Gesetze kennen, die auch beim Rutengehen entscheidend sind.

Hans-Dieter Schweikardt
Unser Planet –
Freund und Feind
Verlag Hertle 1996

Das Buch beschreibt die einzelnen Arten von Erdstrahlung und die Auswirkungen auf Mensch und Tier.

121

Literatur zu Elektrosmog

Robert O. Becker
Heilkraft und Gefahren
der Elektrizität
Scherz Verlag
1994

Das Buch macht uns mit den Arten von Elektrosmog und den davon ausgehenden Gefahren für unsere Gesundheit aufmerksam. Es beschreibt Laboruntersuchungen, die uns zeigen, wie unser Körper elektrisch funktioniert und wie sich Elektrosmog auf die elektrischen Funktionen unseres Körpers auswirkt

Dr.-Ing. Eckard Feldmann
Elektrosmog
(in Vorbereitung, erscheint
1997)

Das Buch zeigt die einzelnen Arten von Elektrosmog auf und erklärt die Auswirkungen auf den menschlichen Organismus. Vermeidung und Abschirmung von Elektrosmog wird beschrieben.

Wulf-Dietrich Rose
Elektrosmog – Elektrostreß
Verlag Kiepenheuer
& Witsch 1994

Das Buch schildert die Arten von Elektrosmog, denen wir täglich ausgesetzt sind. Es beschreibt die Wirkung auf Mensch und Tier und was wir dagegen tun können.

Erfolgskontrolle

Forschungskreis
Erdstrahlen
und Elektrosmog e.V.
Heinrich-Lasz-Str. 22
69502 Hemsbach
Tel.: 0 62 01 / 7 33 34
Fax: 0 62 01 / 4 53 00

Wenn Sie Interesse an weiteren Informationen, Vorträgen und Seminaren zu Erdstrahlung und Elektrosmog haben und mehr über die Arbeit des Rutengängers erfahren wollen, wenden Sie sich bitte an den Forschungskreis Erdstrahlen und Elektrosmog. Der Forschungskreis hält Formulare bereit, die Ihnen die Erfolgskontrolle einer Umstellung oder Abschirmung gegen Erdstrahlen erleichtern. Der Forschungskreis übernimmt gegen eine geringe Bearbeitungsgebühr die fachmännische Überprüfung Ihrer Ergebnisse.

Bildnachweis:
Andreas Bärtels 82
Günter Besser 30
Gruner+Jahr-Fotoservice/Bradrock 92/Nörenberg 86, 102/Stradtmann 38
IFA-Bilderteam 79 unten/Age 64/ Lahall 71, 72/Maier 6, 68, 70/Pott 79 oben/
Rauch 77/Reinhard 76 unten
Bildagentur Mauritius 83
Kurt Simon 8, 16, 22, 34 alle, 36, 75, 76 oben, 80, 98, 99, 116

Alle Zeichnungen von Ushie Farkas-Dorner, Plouray, Frankreich

Redaktionsleitung: Halina Heitz
Redaktion: Herbert Scheubner, Gräfelfing

Der Mosaik Verlag ist ein Unternehmen der Verlagsgruppe Bertelsmann

© Mosaik Verlag GmbH, München 1997/5 4 3

Umschlaggestaltung: Eva Wenger, München
Layout, Satz, Repro: Design-Typo-Print GmbH, Ismaning
Druck und Bindung: Alcione, Trento
Printed in Italy

ISBN 3-576-10758-4

Hinweis des Verlages
Die Angaben in diesem Buch sind nach bestem Wissen und Gewissen zusammenge-
stellt, die Empfehlungen zum Schutz gegen Erdstrahlen und Elektrosmog sowie die
Fallbeispiele sind sorgfältig überprüft. Da jeder Mensch aufgrund seiner individuellen
Konstitution unterschiedlich reagiert, können weder Verlag noch Autor im Einzelfall
eine Garantie für die Wirksamkeit oder Unbedenklichkeit der Anwendungen über-
nehmen. Dieses Buch ersetzt keinen ärztlichen oder therapeutischen Rat. Wenden Sie
sich daher bei ernsten gesundheitlichen Beschwerden an Ihren Arzt oder Heilprak-
tiker.